Love Quotient

爱商

爱的感受、智慧与能力

曹霞飞 ♥ 著

中国商业出版社

图书在版编目（CIP）数据

爱商：爱的感受、智慧与能力/曹霞飞著.——北京：中国商业出版社，2019.10
ISBN 978-7-5208-0927-6

Ⅰ.①爱… Ⅱ.①曹… Ⅲ.①情感－通俗读物 Ⅳ.① B842.6-49

中国版本图书馆 CIP 数据核字（2019）第 222732 号

责任编辑：刘万庆

中国商业出版社出版发行
010-63180647 www.c-cbook.com
（100053 北京广安门内报国寺 1 号）
新华书店经销
三河市长城印刷有限公司印刷

*

710 毫米 ×1000 毫米　16 开　14 印张　190 千字
2019 年 11 月第 1 版　2019 年 11 月第 1 次印刷
定价：48.00 元

****

（如有印装质量问题可更换）

前言

你的爱商有多高

最近,人们都在热议"爱商"。"爱商",最早由美国心理学家提出,是指爱的智慧。人们认为,爱,也是一种能力,需要正确的人生观和成长的智慧,包括对事件及人物的洞察力、对主动性的把握、在相处中的协调性等,这便是爱商。

当然,经过多年的反复实践论证,各个领域的人对"爱商"渐渐有了不同的认知。比如,更多人会把"爱商"定义为"维持爱情稳定性的能力"。也有一些人认为,男人比女人的爱商更高些,这是对"爱商"含义的片面解读。对于年轻人的"爱商"而言,最重要的是看他们应对感情危机的能力如何。如果面对危机时能有条不紊、知进知退,不一味地跟着情绪走,就可以认定他的爱商指数不低。

爱商的另一种解释是指,爱的商数或爱的智慧。这是全球最前沿的一门科学,也是研究爱最先进的方法。作为对智商、情商、财商的重要补充,爱商也是当代社会精英在追求成功和幸福的过程中,一份不可缺少的重要能力。

爱心商数越高,代表爱心公益值越高、社会贡献率越大、社会威望越高,同时,企业或个人的诚信度和美誉度越高,也将得到整个社会的尊敬。

爱商是一个和情商、智商相对应的新概念,不管你的智商、情商有多高,都不能保证你拥有高分值的爱商。在正式开始读本书之前,我们先来做一个小测试,看一下你的爱商究竟有多高。

以下10道测验题，回答"NO"加10分，回答"有时YES有时NO"加5分，回答"YES"0分。

（1）如果你喜欢的异性不喜欢你，你有替代品吗（如宠物、子女、财富、事业、做饭或其他特殊嗜好等）？

（2）你每天的所想所做是否都是为自己考虑得多，而不是为你爱的人或者别人考虑得多？

（3）你是否觉得即使是为了最爱的人，也不能去做自己排斥或讨厌的事情？

（4）你对最爱的人隐瞒过你的欲望行为（如和异性网友聊天、出轨、看片、购物、偷查爱人的通讯记录等）吗？

（5）你是否觉得真爱的人就应该时刻心有灵犀、心意相通？

（6）你是否认为真正的爱情是一见钟情？

（7）你是否有某种纵欲倾向（如贪吃、贪性、操控、占有等）？

（8）你是否认为一旦确定了恋爱关系，就不必再花心思去营造两人间的浪漫爱情了？

（9）对于恋人或爱人的付出，你是否会真诚地对他说"谢谢"？

（10）你的不良情绪，比如愤怒、委屈、难过，多数时候都来源于别人吗？

结论：

80~100分：你的爱商成绩十分优异。你对于爱的看法很理智，对爱情中的自己很有自知之明；你知道，只有爱是远远不够的，还需要相互交流，彼此默契。你也会根据爱情的走势，尽心尽力地经营属于自己的爱情。

60~79分：你的爱商差强人意，亟须进一步提高。你对爱情充满了浪漫幻想，以自我为中心，同时欲望太多，对于爱情的期盼有时难免显得不自量力。另外，你不善于和对方沟通，你对爱的索取大于付出，不过你还算自觉，知道爱是相互的。

40~59分：你的爱商很低，总在爱情中受伤。你对自己的爱人过分投入和宠爱，忘记了自己的尊严。你的爱盲目，你的爱知性不足，过分的爱让你失去了生命的重心，你的爱成了你和爱人的束缚。

0~39分：你的爱商异常低，经常会因为爱而心碎。

目 录

第一章 爱商基因：爱商是一门前沿科学

爱的本质是什么 / 2

哈佛大学关于爱商的研究 / 5

国内爱商研究与教育现状 / 7

和谐社会亟须爱商教育 / 8

爱商高的人具备哪 3 个特征 / 10

爱商、情商、智商与成功的关系 / 12

【爱商小测试】/ 14

第二章 爱商心理学：爱商和爱的层次

爱知：拥有关于爱的认知 / 18

爱力：掌控好爱的能力 / 20

爱行：不要吝啬爱的行为 / 22

爱心：拥有爱的意愿，爱自己，也爱他人 / 25

爱语：控制好语言，杜绝口蜜腹剑 / 29

爱智：爱的最高境界 / 31

【爱商小测试】/ 33

第三章　爱商降阶：正在消退的爱

责任感降阶：推卸责任，不敢承担责任 / 36

同情心降阶：内心冷漠，不愿意帮助别人 / 39

同理心降阶：只站在自己的角度看问题 / 40

包容心降阶：心胸狭隘，对别人吹毛求疵 / 42

感恩心降阶：对于别人的帮助熟视无睹 / 45

平衡心降阶：内心不平衡，为小事纠结 / 47

分享精神降阶：封闭自己，不愿意付出 / 49

恋爱能力降阶：不敢爱，觉得爱情很难 / 52

【爱商小测试】/ 54

第四章　爱商能力：爱的本能与能力

情绪是心灵的反映：管好情绪，才有能力爱别人 / 58

真正的爱不伤人：用不伤关系的方式来表达需求、愿望和感受 / 60

站在他人立场思考：理解对方、支持对方、善待对方 / 63

不能只相信已经相信的：承认差异，允许成长 / 65

你的状态或行为都会影响他人：相互影响，让彼此变得更好 / 67

【爱商小测试】/ 69

第五章　爱情商数：天长地久的秘密

会索取：爱情是无私的同时也是自私的 / 74

有分寸：亲密的伴侣，也需要私人空间 / 76

懂尊重：即使不表扬，也不要贬低伴侣 / 78

学独立：依附男人的女人得不到长久的爱 / 80

共成长：不能只顾自己，努力帮助爱人实现梦想 / 82

善忘记：问题及时解决，爱人之间没有隔夜仇 / 84

【爱商小测试】/ 87

第六章　家庭爱商：用爱筑造幸福的家庭

定好位：家庭角色分工与权利分配 / 92

找根源：原生家庭对婚姻的影响 / 94

擅沟通：幸福的家庭从好好说话开始 / 96

会包容：半睁半闭，家庭才有望携手白头 / 98

需排解：释放累积压抑的婚姻负面情绪 / 100

知和谐：良好的家庭关系是给孩子最好的礼物 / 102

长陪伴：相守一生才是最温暖的承诺 / 104

【爱商小测试】/ 108

第七章　亲子爱商：给孩子温暖和幸福

罗森塔尔效应：积极的鼓励，让孩子更阳光 / 110

南风效应：有"缺点"的孩子，长大后可能更有出息 / 113

禁果效应：越禁止，孩子往往越想尝试 / 118

安全效应：孩子都渴望安定和安全 / 120

超限效应：刺激过多，只能引起孩子不满 / 123

仪式效应：仪式感让孩子相信自己足够好 / 125

探索效应：让孩子自动自发地思考问题 / 127

标杆效应：积极影响孩子比命令孩子更有效 / 131

【爱商小测试】/ 133

第八章　情感商数：人际中的处理能力

镜子效应：别人对待你的态度取决于你 / 138

相似效应：寻找共同点，增加亲切感 / 140

互惠效应：人情要讲究"收支平衡" / 141

模仿效应：见贤思齐，但不要攀比 / 144

破窗效应：把不良现象"扼杀在摇篮里" / 147

感染效应：负面情绪容易大面积传染 / 149

交往适度效应：不能对人"好"过度 / 151

不完美效应：你不会让所有人都感到舒服 / 153

【爱商小测试】/ 156

第九章　爱心商数：每个生命都需要爱与被爱

爱不一定需要回报，但一定需要回应 / 160

我们会对陌生人施爱却忽视身边人 / 162

爱给予受施的人，施与的人同样得到了爱 / 163

爱最怕沉默，需要去付诸行动 / 165

【爱商小测试】/ 167

第十章　修炼爱商：会爱别人　接纳自己

如果要爱别人，请先好好爱自己 / 170

内心越强大，爱得才会越有力量 / 172

自我蜕变，遇见更美好的自己 / 174

以诚待人，是学会爱人的第一步 / 177

打开自我，全然接受别人的爱 / 179

自律者得自由，懂得自我管理 / 182

【爱商小测试】/ 183

第十一章　治愈"爱伤"：温暖心灵的疤痕

存在定律：不管你对多少人失望，都没有理由对爱失望 / 188

吸引力定律：对爱心抱着百分之一万的相信，最后都变成了事实 / 190

掌控定律：感觉良好，为自己而活，就能掌控自己 / 192

影射定律：每个你讨厌的人，身上都有你自己的影子 / 194

情绪转移定律：改变生活方式，释放压抑情绪 / 195

时间定律：时间是疗伤最好的药剂 / 198

自愈定律：所有为爱受过的伤，最终都会由爱所治愈 / 199

【爱商小测试】/ 201

第十二章　未来之爱：人工智能时代下的爱商

未来已来，只有拥有爱商，才能不被取代 / 206

AI 时代，拥有高爱商的女性更容易成功 / 207

积极的自我暗示拥有重塑新我的魔力 / 208

真正的爱，经得起平淡的流年 / 210

生存的真谛就是一边爱生活一边享受生活 / 211

【爱商小测试】/ 213

第一章 爱商基因：爱商是一门前沿科学

1938年，哈佛大学医学院开展了一项关于"人怎样才能健康、成功、幸福"的调查研究，称为"格兰特研究"。这项研究持续了75年的时间，耗费了2000万美元的资金，整理了几万页调查报告。这项伟大的研究最终向世人揭示了一个简单的道理：爱商决定一切。

爱商——爱的感受、智慧与能力

爱的本质是什么

一位记者对一位中年企业家进行采访，闲聊中，他问企业家："如果面前有一位二十几岁的漂亮女孩和一位有钱的中年女士，您会选择哪一位步入婚姻殿堂？"企业家毫不犹豫地选择了前者。

记者又问："若这位女孩与一位优雅从容的中年女性相比较呢？"这次，他选择了后者。

年龄和金钱看来都不是衡量一个人是否值得去爱的标准。短浅、表层的爱无法带来永久的幸福，爱的本质是一种智慧。尤其是年纪大的人更能够深刻理解爱的本质。20岁之前，我们可以依靠上天赋予的年轻、健康、漂亮来吸引他人的关注；而在30岁、40岁、50岁以后，要如何保持自己的魅力？这就要靠智慧。

时间也许会带走青春、容颜，却带不走岁月沉淀下来的从容和修养。失掉了年轻时的激情与好奇，爱应该以一种智慧的形态出现在生命中。那时的爱，不再是要求他人按照你的意愿生活，更是自身气质的沉淀。这种气质，也许是一个人走入你的视野中，你还没能看清楚他的外表，就会发自心底地觉得他赏心悦目。

那时的爱，拥有更多的支点。随着岁月的流逝，我们的爱应该拥有更多的支点，比如父亲母亲、兄弟姐妹、朋友爱人，甚至萍水相逢的路人都可以成为我们爱的支点。为这些爱的支点活着，它们或许轻重不一，但分摊的爱并不会减损爱的纯度，反而是一种叠加，彼此支撑，又一同支撑着你我。

这样的爱是一种对事物的包容,不是考究谋略的步步紧逼,更不是两败俱伤的殊死搏斗,而是在岁月的摩擦中相互体谅、理解,是滋养双方变得更好的养分,是在辛苦的生活中得以喘息的避难所……当岁月洗刷了年轻的印记,站在人生的终点回望时,你会发现,爱的本质更应该是一种从容不迫的智慧。

何为"爱"?新华字典里的解释是:对人或事深挚的感情、喜欢、爱惜。在百科上除了以上解释外,还加入的解释是:亲人之间强烈的关心、忠诚、善意的情感状态。每个人对爱的定义都不同,爱的本质也就不同。

1. 爱是关心和惦记

这种爱是指对别人施加关心、惦记,并渴望帮助对方的感觉。如果你很在乎一个人,就会产生这种感觉。这种感觉如果施加得当,就会产生良好的利他性,并使拥有爱的人富有同情心。一旦过度,就会让我们感觉心累,因为它随时都在消耗我们的情绪能量。

心理学上的惦记,其实就是一种焦虑感。只有担心别人可能遇到麻烦,或担心别人应付不了时,才会产生。而过度惦记,就是过度焦虑。更糟糕的是,被你惦记的人,也会产生焦虑。因为你不信任他,认为他是无能的、脆弱的、需要帮助的。

2. 爱是喜欢和欣赏

这种爱是指人对美好事物的追求、向往。人的本性中都有对美的追求,这是美学的定义。从生存的角度,人们都想追求更好的,这是超越的需要。从资源的角度,人都想更多地占有资源,这是社会竞争的需要。这种爱,会催生模仿、效仿、学习等行为。恰当使用,就会成为一种榜样的力量;使用不好,可能会造成过度的痴迷,产生求而不得的受挫感、自卑感。

3. 爱是依恋和想念

这种爱是指对人或物持有的强烈的、想见到或触摸到的倾向,常常发生在恋人之间、亲人之间。人是群居动物，一个环境中如果只有一个人，这个人会产生虚幻感，觉得自己不真实，即使能通过镜子看到自己，也无济于事。所以说，这种爱能增加人的存在感，也是社会归属感的重要来源。这种爱，会让两个人之间增加亲密度，但过度了，就会产生依赖，束缚对方的自由，让对方产生想推开的力量。

4. 爱是依赖和保护

这种爱是指人们对于安全和权力的一种向往和需要。人都有对安全感的追求，而具有权力和威力的人最能满足人的这种需求。所以，比较脆弱胆小的人，会对勇敢坚强的人产生这种爱。比如，一个胆小的女孩，会对军人产生向往，其实是希望获得保护。但是这种爱，也会产生一种"疲劳"的现象，比如，女孩每天下班都不敢自己走夜路，需要人保护，男朋友久而久之就会觉得烦。

5. 爱是性

这种爱是指男女交媾时产生的快感。快乐有很多，但论激烈程度，没有哪种能超越性。人类的存活，本质上靠繁衍，而繁衍要靠性。长期性需要得不到满足，会导致焦虑抑郁情绪；长期抑制性冲动，会导致各种心理疾病，尤其是性心理疾病的发生。

6. 爱是理解和接纳

这种爱被定义为比较健康的爱，也是心理学界比较认可的定义。"理解"的意思是：明白、知晓对方这样做的目的和动机，也知道对方因此而产生某种情绪的原因及这种情绪的意义；"接纳"的意思是，即使不认为这样做是好的，也允许别人在他面前做这件事，不阻止别人的行为。这是理想状态。宽容的人会接受别人的所作所为，不阻止，但他们不会永远放任别人。善于理解和接纳的人，他们的心就像一潭平静的湖水，扔颗小石子，激不起太大的涟漪，但若扔颗"陨石"，照样能够激起千层浪。

7. 爱是爱自己

对自己的爱，是一种爱的模式，区别在于，前面的几种爱都是指向传递的某种情感,而自爱则指向你传递的对象,即把前面几种爱都施加给自己,便是这种爱。比如,太空中除了你以外一个人都没有,你就可以爱自己,给自己关心、安慰、照顾、保护、想念、依赖。但是这种爱过度了,也有不利的一面。过度自爱,会减少你对他人的爱,再过度,就是自我孤立。

8. 爱是集体和国家之爱

这种爱本质源于归属感和安全感及力量扩增的需要。个人主义文化观,核心词是"自由、平等、独立、民主";集体主义文化观,核心词是"团结、友善、互助、好施"。个人主义在利益面前是"个人利益为先,集体利益置后",集体主义在利益取舍面前是"集体利益为先,个人利益可舍"。

9. 爱是孝顺长辈

中国几千年来,推崇孝道。我们从小被培养的顺从习性,也就是不反抗父母权威的习性。而父母为什么要强调孝顺,一是为了安全养老,二是获得额外的精神利益。

哈佛大学关于爱商的研究

1938 年,哈佛大学医学院开展了一项关于"人怎样才能健康、成功、幸福"的调查研究,称为"格兰特研究"。

在时任卫生系主任阿列·博克的带领下,团队对两组人员进行了追踪了解:一组是 268 名哈佛大二学生,另一组是 456 名波士顿贫民窟男孩。每两年,研究人员都会联系被调查者,询问他们的健康状况、家庭氛围、个人成长等。就这样,持续了 75 年的时间,耗费了 2000 万美元的资金,整理了几万页调查报告。终于有一天，第四任领导人 Robert 来到了 TED 的舞台，向世人宣告了这项伟大的研究成果。

Robert 教授展示了几组数据：在受访者中，与母亲关系亲密的人，每年的收入要多出 87000 美元；与兄弟姐妹相亲相爱的人，每年的收入要多出 51000 美元；在"亲密关系"这个类目上得分最高的 58 人，平均年薪是 243000 美元；而得分最低的 31 人，平均年薪不足 102000 美元。同时，只要找到了人生"真爱"，无论友情、爱情还是亲情，都能够大大增加你成为"人生赢家"的概率。

Robert 教授认为，拥有良好的人际关系的人，更容易获得幸福和成功。而能够拥有良好的人际关系的人，都是懂得爱与被爱的。所以，这项历时 75 年的伟大研究，其实是向世人揭示了一个简单的道理："爱商"决定一切。

所谓"爱商"，就是爱的智慧，是对待爱与被爱的态度，是人在追求幸福的过程中不可或缺的一种能力。爱商高的人都能坦然享受被爱，实现健康成长，也更懂得爱别人，懂得感恩与馈赠。"爱商"低的人，既不能感受到爱，也不懂得爱别人，就像陆地上的船，永远也抵达不了波澜壮阔的海洋。

"爱商"高的人，大都长着一张没有被生活欺负过的脸，阳光自信，快乐大方，感恩别人的爱，也更加懂得爱别人。能够感受爱，再去馈赠爱，这是最宝贵的人生经验。

爱是感恩，更是馈赠。马克·吐温说："生命如此短暂，我们没有时间去互相争吵、道歉、发泄、责备，时间只够用来去爱。"要用爱筑造幸福的家庭，给孩子温暖和幸福；用爱滋润冷漠的心，给爱人陪伴和鼓舞；用爱抚慰孤独的灵魂，给每一位陌生人善意和祝福……因为每个生命都需要爱与被爱。

国内爱商研究与教育现状

2018年9月22日,国内知名女性情感服务品牌"彬彬有理"在北京召开发布会,宣布"彬彬大学"正式开学。

在彬彬大学的开学典礼上,创始人提出了一个难题:"享茂事件是否能预防?如果在悲剧发生前的3个月,遇到苏享茂,你会给他什么样的建议,以避免这样的事情发生?"

一位老师认为,苏享茂的悲剧,是由于他缺少爱商。如果苏享茂能拥有两种能力,就能避免被骗婚:一是解读身体语言的能力,判断对方是否真心,二是增加自己对爱的体验的能力。

另一位老师则说,心理学的治愈需要咨询师和来访者的配合,如果翟欣欣一意孤行,冲着利益去,很难配合咨询师。

两位咨询师都提到了事件当事人缺乏的一种能力:爱商。

所谓爱商,就是处理爱情、亲情、友情的能力,是了解爱的本质、接受和表达爱的能力。而对于中国女性来说,应该用爱商来解决的事,都用智商来解决,只能造成无数的烦恼和问题。

如果说,财商和智商给我们带来财富,那么,爱商则会给我们带来幸福。一旦缺乏爱商,就像身体出现营养不良一样,感情关系会出现问题,生活质量也会大大降低。

每年发生的许多社会事件,都是由于爱商不足引起的。比如:

某天，北京某媒体女记者因男友出轨，跳楼自杀。

某些明星因爱商不足而造成悲剧的更是屡见不鲜，虽然遭到流言蜚语的打击，却不知原因何在。

爱商不仅关系着个人生活质量，更关系着社会的发展。

在2018年9月21日联合国妇女大会的全球商业和慈善领袖论坛上，马云发言："在未来，由于人工智能的出现，能够做比你更高智商的事情，我们更需要的是LQ，爱商。"他认为，拥有爱商的人在未来更具有不可替代性，并且将会在未来的科技时代创造更大的社会价值和经济价值。

爱商如此重要，而我国关于爱商的教育又是怎样的现状呢？在目前的教育体系中，只有知识性的课程，而关于人的情感教育则是完全空白的。作为一种感知和处理情感的能力，爱商就像人身上的肌肉一样，用进废退，需要开发和锻炼，才能发挥它的作用，改善生活。因爱商不足造成的悲剧仍在继续发生，而未来社会对人的要求也让爱商教育成为更加迫切的需求。

和谐社会亟须爱商教育

2018年5月，杭州师范大学迎来110周年华诞，学校举办了庆祝大会，来自各地的领导、嘉宾、校友齐聚师大仓前校园为学校庆生。马云做了演讲：

每一所学校都需要思考自己今后的方向，过去是知识驱动，未来是智慧驱动、是体验驱动。过去是以制造为中心，未来以创造为中心。过去追求的是标准化、规模化,未来讲究的是个性化、特色化。过去我们把人变成机器,未来我们把机器变成人,但人类的智慧是机器永远无法比的。数据时代,人不应该跟机器去争谁智慧、谁跑得快。

马云说,未来是智慧和体验的竞争,是领导力、担当力、责任及独立思考力的竞争。

未来的教育会是怎样的?马云觉得,不是只教知识,教和育一样,教的是知识,育的是文化。

面对未来的孩子,除了要培养他们的智商、情商外,更要培养他们的爱商。因为只有这样,孩子才不会被机器取代,才不会在变革中被淘汰,要让孩子成为最好的自己,成为真正的人。

爱商是一种能力,需要学习和提升。实际上,不管是男性或是女性,爱商都是一个重要的课题,只是性别不同、学习和提升的侧重点不同罢了。女性相比男性,更需要在情商领域进行竞争,男性则是需要更注重努力拼搏事业,但并不意味着他们不需要提升和学习。多数人在爱的教育上可以从以下3个方面改进。

1. 提高对爱的认知

有些人认为爱是不需要学习的,有些人认为爱是猜不透、摸不着的东西……而这些把爱过于神秘化的观念并不能被大多数人认同,因为爱是人类的择偶策略,应当被看作可以学习提升的能力。

2. 教育方式的可理解性

说服是效率最低的一种沟通方式。但不管是哪种方式,只有系统的、有逻辑的、科学有效的方法模型才是可以被验证的。

3. 重视爱的能力

爱与幸福息息相关,有钱的确能够购买一些快乐,但并不代表有爱。学习爱商的目的就在于提高爱的能力,在经营感情和婚姻的道路上获得幸福感。

爱商高的人具备哪3个特征

智商决定了一个人在事业上成就的大小,而情商则决定了一个人在人际关系上受欢迎的程度。除此之外,我们过得好不好,对自己的生活是否满意,还有一个很重要的影响因素,就是情感。

观察一下身边朋友的情感状态就会发现,有的人在感情上很幸福,有的人则是一团乱麻。之所以会出现这么大的不同,除了运气等不可控因素外,最重要的原因,就是他们处理感情问题的能力不同。

关于这种能力,就是爱商。那么,一个爱商高的人,通常具有哪些特征呢?

1.较强的选择能力

你会喜欢上什么样的人,会被什么样的人吸引,不是由自己掌控的,因为你根本就不知道自己会在什么样的情况下突然对一个人产生触电的感觉。

看起来我们在感情上出现的问题是很被动的,没有太多选择的能力。但其实并非如此。首先要了解清楚,感情中的吸引力到底是怎样产生的,为什么你会看上这个人,而不是别人。有些人可能会说就是凭感觉,那么问题来了,感觉的背后是什么呢?感觉的背后就是潜意识。

心理学认为,人的所有行为都受潜意识的左右,包括择偶。在成长的过程中,我们会因为各种原因导致一些愿望不能被满足,这些未被满足的愿望就会被压抑到内心的深处,成为潜意识。潜意识最大的特点是,你觉察不到它,但它会不知不觉地影响你。

潜意识决定了我们的感觉，感觉决定了我们喜欢谁、不喜欢谁，这并不是一个问题。所有人都是按照这样的人生算法，被潜意识推着来展开生活的。如果感情一直顺利，爱情幸福美满，就没必要去思考感觉背后的潜意识问题。

但是，如果接二连三地遇上不好的人，为了避免人生成为悲剧，我们就要深入地觉察自己，了解自己的内心深处有哪些被压抑的渴望和需求。

爱商高的人，自我觉察能力一般都特别强大。经历了一段非常痛苦的情感经历后，他们会反思为什么自己会走进这样的关系。通过这样的觉察，他们就能更深入和全面地了解自己。

2.较强的相处能力

即使确认过眼神，遇上了对的人，也不代表从此就能过上幸福快乐的生活。

童话都是骗人的。相爱只是说两个人有一个不错的起点，彼此在刚开始时很顺利，但是相处和相爱毕竟不一样。相爱是残缺的，是一个人用自己好的一面去交换另一个人不好的一面；相处是完整的，是一个人用完整的自己去交换另一个完整的人，后者的难度可想而知。所以说，相爱容易相处难。

爱商高的人，在与爱人相处时会怎么做呢？

（1）善用积极错觉。爱商高的人懂得，要想让自己的感情幸福，就要多营造好的互动模式，减少不好的互动模式。如果更关注爱人身上好的一面，就会愿意多为对方付出，也会激发出对方身上更多积极的、好的一面。当然，感情是相互的，如果总是付出，但很少得到积极的回应，甚至没有回应，这种相处方式就很难起作用了。

（2）合理调整对对方的期待。看待爱人时，很多人会忍不住产生一种理想化的冲动，幻想自己所有的情感需求都能从对方身上得到满足。其实，爱人不是神，他只能给你有限的爱和满足，很多情感需求需要自己解决，或者通过其他人来解决。比如，没有安全感，爱人可以满足一部分，但最终还要取决于自己内心的成长和成熟。

3.较强的放手能力

人有一种很奇特的心理,一方面害怕找到错的人,另一方面遇到错的人以后,又不愿承认这是一个错的人,因而很容易在错误的道路上越走越远。

很多人遇到感情问题时会问:他有这样或那样的问题,我到底该不该放手?其实,不需要问别人,只要问自己就行。每个人对自己的感情都有独特的要求和标准,这些标准决定了你以后的感情生活状态是怎样的。如果觉得对方达不到你的要求,完全可以凭自己的意愿选择结束。别人的看法只代表他们的标准,不一定适合你。

当然,放手并不是一件容易的事,尤其是你在这段感情中投入了很多,或者对自己是否有勇气开始一段新的感情信心不足。但是,爱商高的人懂得,一旦发现路走错时,就会及时停下来,及时止损。

爱商、情商、智商与成功的关系

人要成功,不但需要情商和智商,还需要爱商。如果要想获得成功,必须有强大的情商,情商好的人容易成功,因为支持你的人多。但是你要想不败,一定要有智商。现在的第二代年轻人的智商很高,情商不行。

情商是一路打出来的,情商是玩出来的。会玩的孩子会有情商,承受过强大压力的人、被打压过的人,情商才高。情商高,人家才愿意帮你。相比之下,智商高的人,不太容易失败。很多老板成功了,但是缺乏知识结构、文化结构,他觉得天下人都会帮他,不是那么回事,别人帮你是不正常,别人不帮你是很正常。所以要想不败,必须要有智商,如果自己觉得读书不咋的，知识结构不够好，请把读书好的、知识结构好的人请过来。

所以要成功，要有情商，要想不败，必须要有智商，但是你要想受人尊重，一定要有爱商。很多企业家把企业做得很大，但却没有获得他人的尊重，因为他的脑子里就是钱。单纯觉得钱很重要，只是证明你是会赚钱的聪明人而已，所以爱商显得尤为重要。

爱商是什么？是担当，是做一些看来跟你没有关系的事情。当你所做的最大决定与你的生意毫无关系时，这个决定让你一辈子都清楚地知道自己，也得到别人的尊重。

做企业有三个关键，即情商（EQ）、智商（IQ）和爱商（LQ）。

情商很高的人，做企业都比较容易成功，因为他们对人性的问题把握得比较好。即使他们的智商可能不太高，但是情商在线，可以与人很好地沟通，就能省去很多麻烦，能在无形之中弥补智商方面的弱势。

智商很高的人，经常被人们认定为是聪明的人。他们一般有着较强的学习能力、理解能力，能在短时间内消化和吸收所学的内容，对于新事物的接受能力也比较快，但是这类人可能不太爱学习。所以，某种程度上说，智商高可以保持不败，但是情商高则有助于走向成功。

但不能忽视一个关键点，那就是爱商（LQ）。如果没有爱商，即使很富有，也不一定能得到人们的尊重。

1. 爱商对成功的重要性

爱商高的人能够坦然享受被爱，健康成长，也更懂得爱别人，懂得感恩与馈赠。如果"爱商"低，既不能感受到爱，也不懂得爱别人，无法为自己营造温馨有爱的生存环境。

2. 情商对成功的重要性

无论想在什么方面取得成功，情商都能助你一臂之力，而且还是最重要的一臂。很有学识的人，如果不懂得将自己的学识展现出来，或不懂得找对时机让别人认识到自己的与众不同之处，那么即使有着满肚子的学问，也很难改变人生。相反，那些不见得接受过高等教育，却懂得相处之道、善于建立广泛人脉网络的人，会比别人获得更多成功的机会。

3.智商对成功的重要性

（1）智商高的人，认知控制能力更强。研究表明，个体的智商和认知控制能力之间存在着联系，智商不仅至关重要，与智商相关的能力对人类的认知控制过程也起着重要作用。

（2）智商高的人，思维更有优势。智商高的人在基础能力方面，如机械记忆力、反应的快慢、思考的速度等方面都表现出优势。

（3）智商越高，自我概念越强。心理学研究发现，高智商儿童与他们在自我概念测量中的得分呈正相关，即与一般儿童相比，高智商儿童有较高的自我概念分数。在成年过程中，他们对自己有相对理性的认识和了解，能节省很多时间，会避免走一些弯路。

【爱商小测试】

测测你有爱商吗？

1.在酒吧遇到你喜欢的男人，你会（　　）

A."和他先说话……？

B."先调整情绪做下"勇气测试"，以确定自己已经准备好去搭讪了……

C."花几分钟时间说服自己。

2.对男孩有了好感，但又不确定对方是否对自己有意思。想知道，你会说：（　　）

A."我喜欢你。"

B."我发现你挺喜欢我的。"

C."我挺喜欢你。"

3.你喜欢的男孩但还不是你男朋友，对你说："这条裙子很好看，挺适合你的。"你会说：（　　）

A."嗯，挺好看的。"

B."其实它不适合我。"

C."是挺好看的,喜欢就买吧。"

4.今天是你男朋友的生日,你只有500元预算,准备怎么做?(   )

A.带他去一个高级餐厅吃饭,晚餐时候把花送给他。

B.用450元在网上预订一个礼品送到他的办公室,下班后用剩下的50元买两个盒饭一起回家吃。

C.用300元买一条围巾给他,用剩下的200元一起吃一顿普通晚餐。

5.当你男朋友跟其他女孩玩得很开心时,你会(   )

A.拉他去一边警告说:"注意保持距离。"

B.直接冲上去对女孩说:"离我的男人远点。"

C.跟他对着干,跟其他男孩聊得开心一些。

6.当你喜欢的男孩问你:"你是不是喜欢上我了?"你回答:(   )

A.直接认真地跟他说:"对,我非常喜欢你。"

B.含含糊糊,不了了之:"我不知道,不太像。"

C."嗯,我喜欢的人很多了,你是第一千零一个。"

7.下班时,你很爱的男孩想骑自行车带你回家(你不顺路),你会说:(   )

A."可以,我求之不得呢!"(你有空)

B."可以。不过,我可能会压爆轮胎哦。"(你有空)

C."不行,我现在没空,改天吧。"(你很忙,有一件很重大的事等着你去处理)

8.对于爱情,你相信精诚所至,金石为开吗?(   )

A.相信

B.不相信

分析:

1.进入一个群组,首先跟你见到的第一个男人说话,有两方面的原因:

①这样可以建立社交认证,让对方看到,你有很多朋友,有吸引力。

②三秒法则,B和C都是有违三秒法则的。同时,花上几分钟的时间来说服自己,或调整情绪,否则自己会越来越紧张。

2.对于情场高手来说,在没有跟对方接吻乃至发生关系前,最好不要向对方透露自己喜欢他,所以可以排除A和C,另外B是一种骄傲见趣法,男孩一般都比较喜欢那些稍稍自大的女孩。

3.在男孩还没成为你男朋友前,不要做奉承的事。对男孩进行奉承,对方会觉得你这个人可能别有居心或者太容易被征服,所以排除A、B。当然,太过干脆也不好。至于C,既发表了个人见解(价值观),也没把主动权给他,这是比较好的。

4.有些男孩很虚荣,也喜欢浪漫,但不太喜欢实用性的东西,所以可以排除A和C,选B。

5."离我的男人远点"这不太好,有干涉对方自由的嫌疑。

6.回归到第二题,同样类型的问题。

7.A,容易暴露过多的兴趣,适当平衡。B,有打情骂俏的意思,是个不错的答案。至于C,考验的是你对男孩的态度,选C也对。

8.对其他事可以执着,但对感情方面的事千万不可执着,要拿得起,放得下。

第一章 爱商心理学：爱商和爱的层次

心理学家荣格说："你的潜意识指引着你的人生，而你称其为命运。当潜意识被呈现，命运就被改写了。"

一个爱商高的人，并非是眼光特别"毒"，能够一眼就知道谁是真爱的人，而是自我觉察能力非常强大。

爱知：拥有关于爱的认知

人生就像是一道彩虹，绚烂而短暂。在多数情况下，人们的生活都是平淡的，却处处充满着爱。

世界是美好的，只要每个人都献出一点爱，世界将变成美好的人间。韦唯的那首《爱的奉献》，唱出了多少人的心声。但是，又有多少人明白爱的真正含义？又有多少人去感悟过爱的真谛？

爱看不见又摸不着，犹如透明的空气，弥漫在我们四周。有时虽然不易被察觉，却充满了每个人的内心。

爱是一种激情，是一种习惯，是一种感觉，不仅能使我们振奋，还可以使我们心情愉快；不仅能让我们学会感恩，还能让人懂得宽容与付出。

爱是什么？爱是关心，爱是体贴，爱是付出，爱是回报，是爱让我们走到了一起，是爱让我们彼此间不曾出现谎言，是爱让我们在快乐中成长、懂事。

爱是什么？爱是用生命来换取别人的幸福。是爱让我们相聚在一起，让我们彼此间获得真诚，让我们用心去体谅别人，让我们在人与人之间搭起共建的桥梁。

爱是什么？爱是在别人有困难时，伸出援助之手帮助一把，这个人不但会永远记住你，还会帮你解决生活中的种种困难，帮助你渡过难关，脱离险境，重新去面对生活。

爱是什么？爱是冬天里的一把火，在寒冷中释放温暖，有爱的人，肯定活得比别人更精彩。

第二章 爱商心理学：爱商和爱的层次

什么才是爱？答案都在我们每个人的心里。经历的人和事越多，越能看淡人生，也会明白什么才是自己想要的、真正需要的、正在向往的。

爱，不需要言辞多么华丽，不需要虚伪到自己都不认识自己；需要的是真诚和坦白，是动心而不是动情。爱，是世间最美的一个字眼，任何人都可以谈爱。

真正的爱：是寄托在心灵上的一根长绳索，谁都不愿意放弃谁。

真正的爱：是不论天各一方，还是在身边，都能让你真真切切地感受到的一种幸福感。

真正的爱：是看不见会思念，会牵挂，会担心，会时刻关注他的心情和动态。

真正的爱：是无私的，而不是自私的，只要他过得快乐，过得开心，你就会快乐和开心。

真正的爱：是彼此心里装有对方，会惦记对方，会照顾彼此的感受，会一起分担烦恼和忧愁。

真正的爱：是在他需要时，你会挺身而出，为他扫清心中的障碍，为他排忧解难。

真正的爱：不是说很多暧昧的话，而是用实际行动为他做许多的事情。

真正的爱：是愿意花很多时间来陪你，陪你谈天说地，逛街购物，互诉衷肠。

真正的爱：是自由舒畅的，是轻松快乐的，是开心满足的，而不是伤痕累累的。

真正的爱：是你生病忍受折磨时，他会比你还心疼，他会用心照顾你，帮你洗澡，给你喂药。

真正的爱：是每个夜晚，他都用自己的体温为你取暖。

真正的爱：是对于世界而言，你是一个人，但对他而言，你是他的整个世界。

真正的爱：是在爱他的每一天里，被他爱着；是在想他的每一天里，被他想着。

真正的爱：是一种信任，不是猜疑；是一种给予，不是索取；是一种互动，更不是一味施舍。

真正的爱：是一份责任和担当，不是可以随意抛弃的东西或玩物。

真正的爱，是拥有真实的自己。只有经过平凡而漫长的岁月，只有永无休止地重复着柴米油盐，只有经过努力和奋斗的考验，才能体会到它的丰富内涵。

爱力：掌控好爱的能力

爱是人生的主旨和核心。人的世界里，一切皆源于爱。

20世纪最伟大的小说《约翰·克利斯朵夫》的作者、法国著名思想家罗曼·罗兰曾说，"爱是生命的火焰，没有它，一切变成黑夜"；大文豪雨果说得更透彻，"人间如果没有爱，太阳也会熄灭"。

爱，是人类特有的所能感知并经历的最强大的情感，在人生众多的智慧要素中有着驾驭和统领的作用。一个人爱的能力的大小决定其事业成就的高低，一个人爱的能力的强弱决定其家庭幸福的多少。人穷尽一生，衡量自身是否成功的标准虽然很多，但最根本的一条，还是爱的能力有多大。

爱的能力是人一生中最重要的能力。爱的能力重于其他一切的能力，每个人最应学会和提升的就是爱的能力。

爱比智慧更崇高。懂爱的人，虽不尽然大富大贵，但至少能活得心圆地阔，滋润无比。

第二章 爱商心理学：爱商和爱的层次

人生的成功从来都离不开爱的支撑，反之，人生的失败在于缺少了爱的垫底。没有爱的人生，一定是灰暗的、惨淡的、不幸的、痛苦的。人生的幸福，很大程度就是爱的幸福，而爱的幸福，就是活着的质量和深度。

爱也是一种能力，只有通过学习和实践才能提升。教育的本质在于一个灵魂唤醒另一个灵魂，一个生命善待另一个生命，而爱的教育是教育之本。

古希腊人对人与人之间的爱进行了七个类型的划分：家庭之爱，朋友之爱，情色之爱，宗教之爱，欢愉之爱，契约之爱，本我之爱。无论哪个类型的爱，都离不开爱的一般特性。

爱的特性通常表现为，除了深切的喜欢与倾慕外，还是一种心甘情愿的无私付出，不问理由，不计回报，这称之为爱的奉献性；爱是理解和支持、成就彼此，让彼此变得更好，这是爱的相互性；爱是相互的心疼和互相的体谅，爱是理性和克制，爱是懂得和放下，爱是包容和宽容，爱是呼唤与回应，这表现为爱的匹配性。

爱的奉献性、相互性、匹配性集成出爱的本质。爱的本质至少有着十大元素，即始于喜欢，起于关怀，承于责任，仰于尊重，得于了解，获于懂得，敬于智慧，合于性格，久于善良，终于人品。

爱的过程是生命优化的过程。爱是构成和滋养生命的元素，目的是让人生活得更如意、更滋润、更快乐、更幸福、更有意义。

爱的能力包括以下5项内容：

1. 情绪管理

只有管理好自己的情绪，才有能力去爱别人。不能管理好自己情绪的人，只能让自己相爱的人痛苦，容易错失爱的机会，甚至还会伤害人。

2. 正确的表述方式

不要用会伤害关系的方式去表达自己的需求、想法和感受。在表达和沟通时，不要有了情绪或需求不说，不要闷在心里，等到忍不住了再爆发；更不能用指责和抱怨的方式来表达和沟通。隐忍伤自己，指责和抱怨伤害对方。述情是情感关系里最合适的、不伤害任何人的沟通方式。

3. 善解人意

理解并支持对方。善解人意，几乎是所有人都希望爱人能具备的能力，可惜很多人都没有，其实，对方需要的是共情。

4. 允许的能力

爱人之间吵架，发生分歧，很多时候都是因为不允许所导致的。不允许对方跟自己不一样，不允许对方有些特点，不接纳真实的对方，想要控制对方或改变对方，会让双方都痛苦。有了允许的能力，才能给对方做真实自己的机会和空间。

5. 影响力

每个人都会变，在爱情关系里的人更是会因为对方而变，可以说，一个人找了不同的爱人，就会变成不同的自己。

爱行：不要吝啬爱的行为

一、付出爱的行为，心中自有圆满

美国哲人爱默生说："人生最美好的一项补偿就是——凡事诚心诚意帮助别人，最终自己也一定会受益。"不仅要心中有爱，更要不吝啬付出。

一个阴霾的下雨天，一位狼狈不堪的老妇人走进纽约市一家百货公司躲雨，想要寻求一些帮助。她湿淋淋的身体一直在淌水，外表看来既狼狈又寒碜，百货公司里没有什么人认真地理会她。

这时，一个年轻的销售员热忱地问老妇人："您在等人来接，要不要坐一下？"后来，他还帮她叫了部计程车。老妇人离开之前，要求这名年轻人写下他的联络地址和电话，年轻人照着做了。

第二天，这位老妇人的儿子——美国钢铁大王安德鲁·卡耐基给这家百货公司打来电话，表示他刚在苏格兰买了一座古堡，想要跟这家百货公司购置所有用来装潢古堡的家具，并指定由那位年轻的销售人员来做这笔生意，并且陪他到苏格兰将所有的家具装置完毕。当然，所有的佣金都将归这个年轻人所有。

百货公司经理感到很诧异，他掩饰着自己的震惊说："这名年轻人的经验恐怕不够，我在这个行业已有多年的经验，很愿意为卡耐基先生服务。"

卡耐基说："我母亲说这名年轻人对她十分友善，即使他根本不知道她是谁。这件事让我觉得这位年轻人不仅了解人，也了解生意之道。他将得到这份工作，而且我要他得到所有的佣金。我将再回来确认他是否拿到了这笔钱，如果没有的话，我再也不会在你们的商场里购买任何家具。"

这个年轻人因为表现出单纯、自然的友善举动，获得了意料之外的加倍回馈。

有爱的人心中自有圆满，所以能够成为凝聚人心的磁石，也因此能深刻品味有情人生的美好。如果一个人只会索要爱，那么永远都没有满足的那一天。

爱根本不会溢出来。如果不能学会爱别人，就像吸血鬼一样，吸再多的血也不够。要想得到爱，就要先付出爱。

恋爱中的一方，谁在付出，谁更富裕，谁的内心就更有爱。心理学家弗洛姆认为："不是拥有财富的人是富裕者，而是给予他人东西的人才是富裕者。"害怕受到损失的吝啬鬼，不管他拥有多少财产，从心理学角度来看，他都是一个贫穷和可怜的人。爱也是一样。"给"是力量的最高表现，通过给，才能体验自身的力量、富裕、活力及心中的爱。

另外，付出和收获需要平衡。给予爱和索取爱也要平衡。其实，世间万物都是平衡的。有天就有地，有大山就有海洋，有男就有女，有付出就会有收获。只有付出爱，才能收获爱。

二、给他人爱和关怀，让自己的情绪活起来

每个人都有很多未竟的心愿、未能表达的爱，它们是沉睡在心底的创伤，时不时就会提醒我们它的存在。创伤需要疗愈，不触碰不是最好的方法，修补才是。

直面自己的心结可能太过刻意和残忍，但是在关怀别人的同时，打开情感的闸门，有机会让凝固的情感流动，能看到爱的人快乐，看到爱的人幸福。

付出爱和关怀就是让情绪"活"起来，也只有让情绪活起来，创伤才不会瘀结，人才会真的变得鲜活。从某种意义上来说，这是一种补偿机制，补偿我们曾经没来得及付出而带来的愧疚感，补偿我们没能接收到的爱的回应，它让我们更完满，而不是让心灵的缺口始终去寻找失落。

付出关怀和爱的过程，也是学会共情的过程。在他人身上看到的情感投射到自己身上，才能真正做到设身处地去思考、去感受。理解得越多，感受得越丰富，心境才会越来越开阔。

现在的你，要带着一点勇气、一点耐心，去探索和疗愈内在受伤的部分，成为你今生最丰富、最宝贵的财富。所以，疗愈和蜕变，从任何时候开始都不晚。

第二章 爱商心理学：爱商和爱的层次

爱心：拥有爱的意愿，爱自己，也爱他人

一、爱自己

莉娜是那种看了第一眼就能给人留下印象的人，明亮的双眸，清爽的短发，独立的性格，似乎一切美好的词汇都不足以用来形容她。莉娜很特别，既不喜欢依附他人，又有着独立坚强的人格。她喜欢自由自在的生活，不喜欢受到拘束。她既懂得朋友间的相处之道，又懂得要好好爱自己。

那一年，莉娜交往了一个男朋友，她很爱他。每次提起男朋友时，她的眼睛里都会有光，眼神中饱含着崇拜、尊敬与爱慕。他们在一起了很长时间，不过后来还是因为人生目标不同而各奔东西。虽然是和平分手，但是莉娜很难过，可是她从小就养成的独立性格不允许她为此浑浑噩噩。

从那以后，莉娜经常出入健身房，几乎没有一天缺席。在很多人眼里，她的身材已经够好了，但她还是坚持不懈地去健身、去锻炼。有时，她也会约好友出去吃美食，和朋友分享生活中的趣事。

莉娜心里明白，没有人再爱自己了，就要对自己好一点，才能不辜负自己来到这个世间一趟。

爱自己就是了解自己的现状，清楚自己想成为怎样的人，然后努力得到自己想要的东西，努力成为自己想成为的人。卓别林曾经说过："当我真正开始爱自己，我才认识到，所有的痛苦和情感的折磨，都只是提醒我

'活着，不要违背自己的本心'。今天我明白了，这叫作'真实'。"

真正爱自己，才能懂得把自己的愿望强加于人是多么的无礼，这叫尊重。

真正爱自己，不再总想着要永远正确，不犯错误，这叫谦逊。

真正爱自己，不再继续沉溺于过去，也不再为明天而忧虑，只活在一切正在发生的当下，这叫完美。

真正爱自己，不再渴求不同的人生，知道任何发生在自己身边的事情，都是应该发生的，这叫成熟。

真正爱自己，才能明白，自己其实一直都在正确的时间、正确的地方，发生的一切都恰如其分，这叫自信。

一个真正爱自己的人有哪些具体的表现呢？

1. 爱惜自己的身体

一个爱自己的人，会爱惜自己的身体，有健康的作息、饮食和运动习惯，定期检查身体，为身体做保养，尽量把身体调整到比较良好的状态。

2. 爱自己的心理

一个真正爱自己的人，会定期清理心理垃圾，每当出现负面情绪时，会想办法做一些事情来调整自己，让心态达到一个比较平衡的状态。

3. 爱自己的工作

一个真正爱自己的人，做一行爱一行，有目标和上进心，不会在混日子的状态中度过宝贵的生命时光。他们热爱自己的工作岗位，并能从中找到一些乐趣。

4. 接纳自己

一个真正爱自己的人肯定会接纳自己的不足之处，能正确地看待自己的优点和不足，内心能够做到平衡，不会有太多的冲突。

5. 热爱生活

一个真正爱自己的人，会去做有意义的事情，不会浪费有限的时间和精力，有想要达成的目标和方向，不会放纵自己，会感受这个世界、享受生活，不会整天抱怨生活。

6.知道自己想要什么

一个爱自己的人，知道自己最想要的是什么，知道自己究竟想要成为什么样的人，并努力追求去实现它。

二、也爱他人

1.关爱他人

许多人在内心深处都有"被喜欢心理"，在人际关系中，如果你能够对别人表示出仰慕，那么别人对你也会有同样的举动；如果你能够首先做到喜欢别人，别人自然也会喜欢你。

互惠原理告诉我们，你的行为会让他人孕育同样的行为，你的友善会让他人孕育同样的友善；你怎样对待别人，别人就会怎样对待你；你喜欢别人，别人才能喜欢你。爱商高的人，常能设法满足别人的这种心理，让身边的人接纳自己、喜欢自己。

一天早晨，李薇身着一身新衣来到办公室，看到同事周姐问："看看，周姐，我这身衣服怎么样？"

周姐立刻回应道："不错，不错，一定很贵吧。"

李薇得意地说："花了我800块钱呢。"

看到新来的同事小江来到办公室，李薇随口问："看看，我买的新衣服。"

小江审视了半天，慎重地说："李薇姐，你这衣服款式太老了。"

"800块呢。"李薇想从价格上反驳小江。

"800块？我表姐就是卖衣服的，她店里就有这款衣服，标价400块。"

小江的话，让李薇难受了一上午。

不可否认，周姐要比小江聪明多了，对于李薇的这身衣服，她也看出不足来了，但就是没说。想必，在办公室，周姐最有人缘。

互悦机制的心理学效应告诉我们：人与人相处，就得将心比心，以心换心。

生活中，人们经常会有这样的体会：当自己喜欢他人，他人也喜欢自己时，就会对那个人的喜欢更多一些。既然喜欢别人在人际关系中如此重要，那么该如何让别人感受到你对他们的喜欢呢？可以直接说"我喜欢你"，但这不是最好的办法，最好在你的言辞中，对对方的某方面优点表现出称赞、敬佩；平时还要多关心对方，因为这也是"我喜欢你"的表现。

2. 大胆说出"我爱你"

我们总是处在一种"爱要怎么说出口"的状态，对父母、对朋友、对爱人都是如此，爱商高的人都会摈弃这种思想，会将爱大声说出来。不要以为自己的行动会让对方感受到你的爱，行动往往会传达出错误的信号，如果爱一个人，你就要大声对他说"我爱你"。

当然，说"我爱你"这三个字时，要说得有信服力。不是为了自己而说出"我爱你"，是因为想让那个人开心才说出来的。如果"我爱你"这三个字不适宜说出来，那么另外还有其他的表达方式。比如，"你对我来说很重要""你启发了我""你是我至今遇到的最特别的人""能够和你相识，我变成了更好的自我"……

3. 不要苛求对方的回报

爱一个人，爱商高的人不会要求任何回报。如果附加约束或要求，你就无法去爱，就没有真正去爱，而是情感贿赂，是在做交易。每个人表达爱的方式不同，如果对方误解了你的爱，你要懂得看清是非。

第二章 爱商心理学：爱商和爱的层次

爱语：控制好语言，杜绝口蜜腹剑

关于口蜜腹剑，历史上有这样一个故事：

在唐朝唐玄宗时期，李林甫官居"兵部尚书"兼"中书令"，即宰相。他很有才学，上知天文，下知地理，特别聪明，还会写字、画画，但人品却糟透了。

李林甫忌妒才能比他强、声望比他高的人，会想尽一切办法陷害那些人。面对皇上的时候，他会谄媚奉承，不仅讨好皇上，还用各种方法讨好皇上的妃子及心腹太监，取得他们的欢心和支持。

李林甫与人接触时，外表上总是露出一副和蔼可亲的样子，嘴里尽可能地说着动听的"善意"的话。但实际上，他真正的性格非常阴险狡猾，常常暗中害人。所以，人们都说他是"口蜜腹剑"。

有一次，他装作很诚恳的样子对同僚李适之说："华山出产大量黄金，如果能开采出来，就能增加国家的财富。可惜皇上还不知道。"

李适之以为这是真话，连忙跑去建议玄宗快点开采。玄宗一听很高兴，立刻把李林甫找来商议，李林甫却说："这件事我早知道了。华山是帝王'风水'集中的地方，怎么可以随便开采？别人劝您开采，恐怕是不怀好意。我几次想把这件事告诉您，只是不敢开口。"

玄宗被他这番话所打动，认为他真是一位忠君爱国的臣子，反而对李适之很不满意，逐渐对李适之疏远了。就这样，李林甫凭借这套"口蜜腹剑"的本领，一直做了十几年的宰相。

通过以上故事，可见"口蜜腹剑"的意思是口头上说话好听，像蜜一样甜，肚子里却藏着暗害人的阴谋。

要知道，你怎样对待他人，他人也会怎样对待你。想收获别人的真心，就要学会以真心对待他人。即使只是一时的往来，也不可因不够真诚而失去对方的爱戴或信任。

真诚对待别人，不仅会让对方受益，最先受益的还是自己。真诚对人，就会给对方留下一个好的印象，从而让对方尽快地接受你。

李涛毕业后来到当地的一家保险公司上班，从业务员开始做起。可是，卖保险并不是好做的，很多人一听李涛自我介绍是卖保险的，就摆摆手走了。最后，他终于遇到一个愿意听他把话说完的客户。

李涛问这位客户有没有买保险的意向，有的话再谈，没有的话就不打扰了。客户听后，看了他一眼，表示愿意考虑一下。李涛听了，并没有立即向客户介绍保险，而是认真地对客户说："先生，您确实需要认真考虑一下，这是一笔不小的钱，换作是我，我可能要考虑得更久。其实保险也并不是每个人都要买的，如果您觉得有需要的话，再联系我。"

客户一听，乐了，他没少接触卖保险的业务员，但他们都是一个劲地推销保险，而李涛却只是问他有没有买保险的意向，还让他好好考虑一下，合适了再买。客户被李涛的真诚打动了，在选择到合适的保险之后，就与李涛签了合同。

人与人之间最需要的就是真诚，只有真诚对人，对方才能打开心扉与你沟通。不管是在生活中与朋友相处，还是在工作中与客户打交道，都要做到真诚待人，因为只有这样，别人才不会对你设防，才会从心底去接受你。

生活中，我们最怕遇到什么样的人？那就是当面一套背后一套的人。这种人一般都心机很深，在我们面前表现得非常无辜，看起来做任何事情都需要别人的帮助。但是,在私下里就会露出真面目,这样的人最可怕。

提高爱的层次,就不能出现下面的行为。

1. 承诺的事情不兑现

不喜欢兑现承诺的人,不会把自己曾经说过的话当作一回事,喜欢说谎话,见人说人话,见鬼说鬼话。他们会根据当时的情况许下一些承诺,对于这样的承诺最好不要轻易相信,因为他们的承诺从来不会实现。他们只是为了自己的面子向你许下了承诺,在承诺你之前,还不知道会向多少人许下承诺呢。

2. 笑容非常假

喜欢当面一套背后一套的人,在别人面前非常喜欢笑。笑容会使人觉得非常亲切,所以,即使他们的内心非常烦躁,脸上也不会表现出来,笑容更不会有一丝的变化。

3. 喜欢花言巧语

这种人很会哄人开心,会安慰人,会说一些逗我们开心的话,所以也能取得我们的信任。但是他们做这些都是有目的的,当我们完全地信任他们以后,就会受到伤害。

爱智:爱的最高境界

爱,需要智慧的判断,这是共通法则。只要能拿出勇气,做对决定,就可以向幸福靠近。

从小看到的童话故事和影视剧都在告诉我们,当公主遇到了困难(挫折),总会有一个王子跋山涉水地来救她。在这样的文化熏陶下,很多女孩都认为爱情是可以拯救自己的。可是,当你抱着用结婚来解决一切冲突和矛盾的目的时，结婚不会让亲密关系变得更好，只会更糟糕。当你能承认爱情关系不是为了让你更幸福，而是让你更有意识，那么，这种关系反而会提供拯救你的机会。

爱，是我们的情感需求。每个人都需要爱，只有爱才能滋润我们更好地成长。需要爱时，我们不会对伴侣说："我需要爱，请给我一斤（如果爱可以称重的话）爱。"有的女生会说："我要包包，你给我买包包。"有的妻子说："你就不能拖次地洗次碗吗？"有的女孩说："你这么忙，连陪我看次电影的时间都没有，你根本就不爱我。"有的女生说："你总是说我这也不好那也不对，那你怎么不去找别人当女朋友。"……这些话在某些男生看起来很作，但却在表明：我需要爱，为什么你不给我。不明白爱的语言，不懂得爱的智慧，就给不了爱，也得不到爱。人，一共有五种爱的语言：

（1）精心的时刻。要花高品质的时间跟对方在一起，如"一起看电影"就属于这一种。

（2）精心的礼物。重点在精心，而不在于花多少钱。如女孩喜欢的包包或者花束。

（3）服务的行动。在对方需要帮忙时，尽量主动地提供帮助，如妻子抱怨丈夫不帮忙做家务。

（4）身体的接触，如拥抱。

（5）肯定的言语，如赞美的话。

跟恋人/伴侣在一起的时间越长，似乎在对方身上看到的只有越来越多的缺点，找不到优点了，有时候难免会怀疑自己当初究竟是看上他的哪一点。这个时候，可以回忆一下，你当初到底是被他的哪一点吸引了。是他变了吗，还是你变了？

交往越深，彼此似乎变得越刻薄，这时就应该停下来。首先，停止批判你自己；然后，停止批判你的伴侣。爱中最伟大的催化剂就是完全接受伴侣的一切，而不是去批判或以任何理由去改变伴侣。当你停止批判自己

第二章 爱商心理学：爱商和爱的层次

和伴侣，停止去改造对方时，也就没有受害者和加害者，更没有原告和被告。任何一个人都不会为了谁或者什么而变得更好，只有他感受到自己被接纳、被爱时，改变才会自然发生。

【爱商小测试】

测试：你的思想层次有多高？

1. 你曾经装酷装到笑起来吗？（ ）
　　是的…………2　没有过…………3　不记得了…………4
2. 即使别人知道你在说谎，你也会继续把谎言说下去吗？（ ）
　　是的…………4　不是…………3　不一定…………5
3. 你还记得学校学过的一些著名诗句吗？（ ）
　　是的…………5　不是…………6　记是记得，但记不清楚…………4
4. 只要能达到目的，你不介意和任何人翻脸吗？（ ）
　　是的…………7　不是…………5　还好…………6
5. 解释不清的事，你从来都不会去解释吗？（ ）
　　是的…………8　不是…………6　还好…………7
6. 自己做错事，被别人发现，你会苦苦哀求对方原谅你吗？（ ）
　　会…………7　不会…………8　不一定…………A
7. 朋友向你借钱，即使不愿意借你也会借吗？（ ）
　　是的…………9　不是…………8　不一定…………10
8. 压力大时，你会大声尖叫吗？（ ）
　　是的…………A　不是…………B　还好…………9
9. 有人得罪你，你会私下报复吗？（ ）
　　会…………D　不会…………C　不一定…………A
10. 你做事容易丢三落四吗？（ ）
　　是的…………D　不是…………C　还好…………B

测试答案：

A. 超脱凡人的层次。你想的事情太不切合实际了,你的想法有时可能大众无法理解。你的愿望很虚,跟自己的人生、现实生活没有多大关联。你的追求也许并没有停留在金钱、地位、美色等七情六欲上,对很多事情都看得比较开。

B. 高尚人群的境界。事事都能站在别人的角度想问题,不自私,不贪图名利。赚有节操的钱,不会为了物质出卖自己的灵魂。但有些人可能会觉得你是在装逼。没什么大不了的,自己是怎样的人,不是要做给别人看,只要做好自己就可以了。

C. 矛盾个性的范围。有些时候,做错事,你觉得违背了自己的良心,很纠结,但又控制不住自己的欲望和邪念,会不小心纵容自己犯错。你想无私地对爱人好一点,但关键时刻,又会斤斤计较对方对你的态度。

D. 市井小民的水准。你是被家人宠坏的孩子,很多时候只考虑到自己,不会考虑别人。你会计较别人对你够不够好,很少思考自己对别人有没有做到真正的好。为了一点利益,你会跟其他人撕破脸。不过有时候,你喜欢敞开天窗说亮话,喜欢明算账。

第三章 爱商降阶：正在消退的爱

这个世界上有很多人明明被很多爱包围，却感受不到。有时候，不是别人不爱你，而是你屏蔽了爱的信号，你的号码变成了空号，别人"打"不进来。"我对你好，你却感受不到。"这大概是很多在爱情里受过委屈的人的心声吧。因为走不进对方的心里，两个人之间就像隔着一层玻璃，看得见却触不到。

责任感降阶：推卸责任，不敢承担责任

勇于承担责任是道德中的一项内容，是人们在执行一项任务或做某件事时应该具备的基本素质之一。拥有强烈责任心的人，才能得到大家的信任和推崇，因为锁定责任也就锁定了结果。

爱默生说过："责任具有至高无上的价值，它是一种伟大的品格，在所有价值中它处于最高的位置。"

人的一生要负的责任有很多：对自己负责，对家庭负责，对社会负责。每个时期、每个时刻，责任都伴随着我们。只要活着，就不可能脱离责任而存活，责任是我们应该而且必须要做的事情，伴随着每一个生命的开始和终结。只有能够勇于承担责任的人，才可能被赋予更多的使命，才是爱商高的人。

缺乏责任感的人是不负责任的人，不仅会失去社会对自己的基本认可，还会失去别人对自己的信任与尊重，反映在工作中也是一样的道理。只有勇于承担责任的人，才能获得更多、更好的机会。在这些机会中，如果能够切实将它们把握在自己手里，就可以把握住自己的人生。

责任是什么？是担当、是付出。担当得起就能有所作为，担当不起就只有逃避或者被压垮。一个人的工作做得好坏，最关键的一点就在于有没有责任感，是否认真履行自己的责任。当一个人意识到自己的责任并承担起责任时，责任可以使人坚强、可以让人发挥出自己的潜能。

能力，永远由责任来承载。但现实情形是，人们的责任感在逐渐下降。

1. 工作责任感的缺失

有这样一个故事：

有种德国产的柴油机，运转时声音很低，即使是夜里放在枕边运转都不会影响睡眠。一家工厂按照这种柴油机的设计图生产了一台。可是，与德国产的柴油机相比，噪声很大，大家都不知道原因出在哪里。

后来，工厂从德国聘请了一位退休的专家来担任技术指导。专家仔细研究了设计图，发现没有问题，便交付工人们按照图样生产，并吩咐工人在生产过程中应当注意的一些事项。

新机器生产出来后，一试机，运转噪声还是很大。专家将机器停下来，让工人将机器拆开。专家把手伸到机器内，掏出了一把铁砂，看着那把铁砂，非常愤怒，铁青着脸说："这不是技术问题，而是责任心问题！"

没有做不好的工作，只有不负责任的员工。具有责任心的员工，勇于把企业的利益视为自己的利益，在老板眼中才是可靠的、可以委以重任的。

综观职场，凡是事业失败者，都缺少了强烈的事业心和责任心。其中，对工作责任感的缺失主要表现在以下4个方面：

（1）喜欢推搪。没有责任心的人，不会尽力而为，喜欢往外推。

（2）热衷抱怨。没有责任心的人，遇到挫折、折腾、委屈，就会抱怨很多。

（3）喜欢解释。在工作出现问题时，为了让领导"了解实情"，有些人会费尽口舌，去做一大堆解释，结果得不偿失。

（4）斤斤计较。责任心不强的人会计较分内分外的事，不会配合同事做好工作。对领导临时交办的事，也不会尽全力完成。

2. 家庭责任感的缺失

夫妻二人都是家庭的支柱，不管什么时候都不能退缩，更不能被重担压垮，不然庇护下的家人一个都逃不掉。只有与有责任感的人结婚，另一半才会更有安全感。如果一方在家里既要当女人，又要当男人，完全靠自己来撑起一个家，另一方必然已经没有了责任心。而如今，这样的人却越来越多。

缺少家庭责任感的人，通常会有下面几个表现：

（1）喜欢酗酒。在外面为了工作应酬，喝点小酒是情有可原的；两个人在家为了培养情调，小酌两口也没有问题。但是把喝酒变成一种习惯，就比较可怕了。天天叫着喊着要喝酒的人，不仅对自己的健康不负责任，还会花很多钱，而且喝完酒后不省人事的人，在浑浑噩噩中度过时间，根本无法认真工作。

（2）总是抱怨。有责任心的人，势必会好好上班。而那些责任心匮乏的人，只想混吃混喝，每天都得过且过，不会付出辛勤和汗水，糟心事自然也多。不顺的事情一多，再加上没有解决的能力，就只能抱怨了。这样的人遇到事情，不会想办法解决，只会各种抱怨，怨天尤人，情绪低落。

（3）脾气暴躁。不想承担起责任的人，一般都是因为担心事情最后没做到，丢面子。他们会一味地逃避，用各种方式来掩饰自己没有能力的事实，比如，脾气一上来就对老婆家暴。脾气不好的人，遇到不开心的事，就会找老婆撒气，打骂老婆，对老婆没有一丁点的责任心。

（4）推卸责任，觉得自己没错。如果男人对女人很有担当，很有责任感，遇到事情时，他就会承担起所有的责任，不会让女人受一点委屈，也不会让女人受一点伤害。他会一直陪伴着女人，一直保护着她。可是，没有责任感的男人，就会推卸责任，总会觉得自己没错。这样的男人，不会给女人幸福，也不会让她安心。

（5）对伴侣非常自私，非常小气。对女人有责任感的男人，对女人非常大度；而且，不管做什么事情时，都会第一时间考虑到女人。如果对女人非常、非常小气，不管做什么都只想着自己，就从来都不会想到女人。

（6）自己没有能力，却总怪你连累了他。没有责任感的人总是怨天尤人，自己没有能力还总挑三拣四，大钱挣不来，小钱不愿挣。爱人让他努力，他根本不会听，也不会按照爱人说的去做。同时，他还时常抱怨，总怪爱人连累了他。

（7）不上进，不会规划未来。没有责任感的人，每天只知道吃喝玩乐，怎么舒服怎么来，怎么快乐怎么来。他不会努力工作，也不会努力挣钱。他的生活是麻木的，完全不会规划未来。

同情心降阶：内心冷漠，不愿意帮助别人

在生活中，冷漠的人越来越多，人们的同情心正在降阶。比如看见有老人摔倒，不会上前将老人扶起；遇到有人借手机打电话，不会借出；有人搭讪，不会和他交流；遇到小偷在偷东西，不敢声张等。生活中太多的枷锁让我们不敢向前迈出这一步，不知从何时起，我们已变得畏畏缩缩，让整个世界都充斥着冷漠。

1.人性冷漠的原因

如今，通过各种信息渠道，我们已经见过太多不好的事情，不得不将内心世界紧紧封锁起来，不肯轻易打开。我们不喜欢被欺骗，更厌恶被背叛。因此，不愿付出真心，将它紧紧地锁在自己的内心世界。

古人常说，一生不如意之事十之八九。我们生活的世界并不完美，但每个人都在努力奋斗以获取幸福。可是在努力奋斗的过程中，很可能受到各种伤害。小到走路摔跤，遇见小偷、骗子，大到遭遇地震、海啸，常见的还有职场上遭遇挫折、感情上遭受欺骗、学业上遭到失败等。

在很小的时候，父母就告诉我们要吃一堑长一智，同样的错误不能犯两次。为了不让自己受伤，我们将自己包裹得十分严密，甚至会远离各种

可能会受到伤害的事情，而这些体现出来的就是冷漠。反过来说，冷漠的人并不是天生就冷漠，而是保护自己的一种方式。

同样，大多数时候，人们还将爱当作商品。许多人之所以要付出爱，是希望得到回报。但很多时候，付出爱是得不到回报的，甚至可能受到伤害。于是，爱被视为限量品时，就会被小心监管，慢慢使用，以免耗竭，因此人们越来越吝啬于付出爱。

2. 解决人性冷漠的方式

要想解决人性冷漠，就要参考《大学》中的一句话："知止而后有定，定而后能静，静而后能安，安而后能虑，虑而后能止。"不动心状态，扫除杂念，专心一静，达到寂静的境界，才能使心灵得到升华。具体的做法就是，身体保持一定的姿势，把心停留在某一件物品上，就是静心。在这一过程中，我们就会想到其他事情，诸如工作、生活、学习等。在静心的过程中，一定要对自己放心，让自己彻底静下心来，慢下来。

解决人性冷漠的关键一点是要有无私的爱。诚然，在生活中，每个人都渴望得到这种无私的爱，但是多数人付出爱都是要求回报的。比如，与他人相处，我对你好，也希望你能对我好，一旦你做出了什么让我觉得你对我不好的事情，我就不愿对你好了。再如，男女双方谈恋爱，一方爱另一方，肯定希望对方也是爱自己的。若对方不爱自己，很难有人会一直去爱另一方的。

同理心降阶：只站在自己的角度看问题

朋友凡茜在一家私企工作，除朝九晚五外，加班加点更是常态，虽然辛苦，收入倒也丰厚，所以凡茜对工作也较满意。最近一段时间，她觉得

第三章 爱商降阶：正在消退的爱

身体不舒服，去了医院，一番检查后，诊断自己患了轻度心脏病，病情还算稳定，医生再三叮嘱，不能熬夜，不能过于辛苦，平时多休息，注意饮食。

从那以后，凡茜再也不加班了，同事拼命挣钱，她却变得云淡风轻。A同事苦口婆心地劝她："凡茜，你不能这么懒，大家都加班挣钱，你不加班，工资要低很多。"B同事说："凡茜的工作态度太不积极了。"

凡茜虽然一再解释说自己的身体最近不适，不宜加班，但是同事还是唠叨着这么点小事。凡茜感到很苦恼。

作为旁观者，不了解别人身处的情况时，很多评价与看法都会不客观，或者太片面。笔者认为，当我们不了解别人的经历、环境、想法时，不应该指指点点，不要觉得自己都是为了他人好，却反而给他人造成压力。

我们看到的世界，看到的人与事，有时它很简单，简单到只需要用人的本性去感受，这种本性人人皆有，不分老少。有时候看到的很复杂，就像一个正方体，由多个面组成，若只看正面，其他风景就隐藏遮蔽了。你以为那只是平面，其实那是正方体。

活在这个世上，每个人都不是单独的个体，都避免不了要与别人打交道。不能总站在自己的角度想事情，要懂得换一下位置看问题。记住：

用自己的眼光看待别人，是人，都有令我们不满意的地方；

用自己的立场看待事情，凡事，都有让我们不称心的一面；

用自己的感受看待感情，是情，都有使我们被疏忽的感觉。

一头猪、一只绵羊和一头奶牛，被牧人关在同一个畜栏里。

有一天，牧人将猪从畜栏里捉了出去。猪大声嚎叫，强烈反抗。

绵羊和奶牛讨厌它的嚎叫，抱怨道："我们经常被牧人捉去，都没像你这样大呼小叫的。"

猪听了回应道："捉你们和捉我完全是两回事，他捉你们，只是需要你们的毛和乳汁，但是捉住我，却是要我的命啊。"

人生在世，各有各的生活，也各有各的苦难。立场不同，所处的环境也不同，所以人与人之间很难做到感同身受。生活本来就不容易，当你觉得容易时，肯定是有人在替你承担着那份不容易。生活中，每个人都要学会换位思考，懂得珍惜才配拥有。

《了不起的盖茨比》里有一句话说得很好："在你想要评判别人之前，要知道很多人的处境并不如你。"因此，对于他人的失意、挫折和伤痛，要将心比心，以一颗宽容的心去了解和关心。

不要总是站在自己的角度看待问题，站在不同的角度、不同的方向所看到的东西是不一样的。对于一座高山，站在山脚下可能就看不到太远的地方，只能看到周围的圈子，甚至也看不到山顶那神奇的魅力和视野；但是当你爬到山顶时，放眼望去就会看见那充满诗情画意般的画面和天空，视野变得更加开阔，当然看得更远，眼前的世界就会更辽阔和宽广，看到的风景也会更加美丽动人。

包容心降阶：心胸狭隘，对别人吹毛求疵

生活中，似乎到处都有吹毛求疵的人。在人际关系中，"吹毛求疵"的典型表现是这样的：

你遇到某人且他一切都好，你被对方的外表、个性、智慧、幽默感所吸引。开始时，你不但赞同此人与你的不同，还欣赏他，甚至会被这个人所吸引。但你们的观念、喜好、品位和优势不同，可是过一段时间后，你

第三章 爱商降阶：正在消退的爱

就会开始注意到新搭档（朋友、老师或者任何人）有些小缺陷，认为他们应该能够有所改善。为了让他们注意到这一点，你也许会说："你知道，你确实除了……问题。"

可是，卡耐基指出："我不得不说，这几年在同近百对夫妇相接触的过程中，我很少遇到有人从不觉得时时在被伴侣'吹毛求疵'的。偶尔的、无害的言论会不知不觉地发展成看待生活的一种方式。""吹毛求疵"会让我们过分关注人际关系和生活中的缺点和不足，促使我们认为生活并不尽如人意，甚至没有什么是尽善尽美的。

喜欢吹毛求疵不但会使别人疏远你，也会使你自己的感觉很糟。它鼓励你去考虑每件事或某个人的不当之处，尤其是你不喜欢的地方。

俊杰不是个引人注目的人，本可以悠闲自在、安安静静地生活，可是偏要一刻不停地奚落别人。当他说志刚长得太高时，同事情不自禁地看了看俊杰。虽然他们是抬头不见低头见的老相识，同事却发现，俊杰实在太矮，好像在发育时期父母亏待了他一样。

当俊杰讲王鹏的眼睛看着让人恶心时，同事才注意了俊杰的眼睛，并拿他的眼睛和王鹏的眼睛做了对比。结果，同事吃惊地发现，相比之下，原来王鹏的眼睛是那么清澈，那么明亮。

俊杰总说大伟有个难看的塌鼻子，却没有注意到他自己脸上的肉团也不怎么样。他在说张文的牙齿是"豁牙啃西瓜"时，却忘了自己的大门牙。俊杰不知道，在他挑剔别人的同时，别人也在相应地关注到了他的缺点。

用欣赏的眼光看待同事和朋友，就能找到他们身上的优点。为求完美而吹毛求疵，结果只能降低自己的生活质量。过分注重一些毫无价值的生活细节，只能自我折磨，导致自己精神萎靡，心境恶劣，疲惫不堪。凡事应该看开一点，有些鸡毛蒜皮的小事，即使弄得清清楚楚，也没有什么意义；至于有些并不太重要的事情，基本了解一下就可以了，更不必钻牛角尖。

只有把小事看开，才能真正体会到生活的乐趣，才能有充沛的精力去处理大事，进而有所发现，有所领悟。这样，心境自然会变得舒畅起来。

人与人之间相互交往，需要相互理解、相互尊重。有些女人，在婚姻生活中，太过看重自己的面子与私利，不懂得礼让与包容，非得与男人针锋相对，一较高下，常为点小事跟伴侣斤斤计较，以为男人只要妥协退让，自己就会成为婚姻的主导者。可是，现实并不像她们想象中那么美好，越是斤斤计较，最后失去越多。夫妻之争，没有输赢，只有两败俱伤。

婚姻中，爱计较的人常会失去下面4种东西。

1. 爱人的"好感"

人们都喜欢"明事理""识大体""气量大"的人。明事理的人，就不会为点不值当的小事跟他人发生争吵，会识大体，懂得顾全大局，分得清事情轻重，不会在大事情上阻挠他人；气量大的人能包容他人，不会为点琐事跟他人斤斤计较。反之，若是太爱计较，事事都喜欢跟他人辩论一二，针锋相对，他人自然不会心存好感，会觉得你的气量太小，与之相处，真心感到累。

2. 爱人的"耐心"

爱斤斤计较的人，喜欢将自己的意志强加给他人，他人难以接受时，就会发生争吵，彼此互不相让。最后一方累了，想静一静，另一方还是喋喋不休，说个没完，总想赢得这场争吵。如果一方彻底心烦，就会对另一方失去"耐心"，不想纠缠不清。

3. 和睦的生活

婚姻生活若想长久维系，夫妻双方都得努力，彼此间要多一些理解与尊重。女人若是不懂得尊重男人，肆无忌惮地去侵犯男人的隐私，抓住男人的一些无关痛痒的"小过失"斤斤计较，男人会觉得女人不信任自己，不尊重自己，也不懂得包容自己，最后夫妻俩争吵起来，破坏掉原本和睦的婚姻生活，夫妻感情也会出现难以修复的裂痕。

4.爱人的"深情"

男人都比较喜欢温婉贤淑、生性豁达的女人，与爱计较的女人相处，就会为点小事发生争吵，即使两个人感情再好，男人对女人的"深情"也会在争吵中慢慢被消磨掉。爱斤斤计较的人，即使最后赢得了争吵，也会失去另一半的"深情"，得不偿失。

感恩心降阶：对于别人的帮助熟视无睹

人生在世，没有谁天生就该对谁好。不管时代有怎样的变化，都要有一颗感恩的心，感恩别人对我们的帮助，感恩帮助别人带来的快乐，感恩别人对自己的感恩。世间万物，要感恩的人和事很多，学会感恩是一种满足，愉悦身心更是一种修行。但很多人却忽视了这一点，对别人的帮助熟视无睹。

李明在城市郊区当老师。一天晚上，他到学生宿舍查看学生的晚休情况，发现一位同学感冒了。李明就把学生送到了卫生院检查，医生要求打吊针。李明通知了家长，家长无法及时赶来。看着医院里空荡荡的，李明留在医院陪着学生，学生的吊针打完已经是凌晨三点多了，他安排学生在医院的病床上休息，自己则在医院的躺椅上凑合了一个晚上。

第二天醒来，李明发现那个学生已经离开，不知道去哪儿了。李明问医生，医生也没见到，李明就跑到街上找，也没见着，最后只好买了几个包子和两瓶水到学校找，准备找到了拿东西给他吃。路上，李明却看到那个学生提着包子吃得正欢。看见李明走过去，学生把头一扭，一句话不说就往学校跑。李明很是不解，也很郁闷，为什么自己辛苦地陪了他一夜，竟然连一句感谢都没有，甚至还"不辞而别"。

虽然有时帮助别人是自己的责任心，是自己的善良行为，不需要别人的感谢，但是如果能够得到一句"感谢"，其实也是一件快乐的事情。也许有的人不善于表达感恩，但心存感恩之心，小小的感恩足以让人身心愉悦，足以让人安慰，也会让人体会到善良。可是，现实中不懂得感恩的人却越来越多。

一天，李艳正在街边散步，一个年轻人骑着摩托车从李艳身边疾驰而过，结果在离李艳不到10米的地方摔倒了，摩托车压在了他自己身上。李艳跑过去，要帮他的忙，没想到对方却大吼："滚！"年轻人起身扶起摩托，坐上去，以很快的速度扬长而去，留李艳自己在原地伫立了好久。

为什么有那么多人对别人善意的举动视若无睹，有时还会产生仇视的态度？是因为人心过于浮躁，还是因为个人的虚荣心、自尊心过于强盛，总认为别人帮助他是取笑于他，是对他的藐视？这些人不仅没有感恩之心，甚至会认为他人的帮助是理所当然的；还有的人会认为别人之所以好心帮忙，一定是因为有事相求，把别人的好心看成是有目的的举动，不仅不会感恩，还变成了赤裸裸的利益关系。这种与生俱来的爱，总是会被我们忽略。虽说现在生活节奏快、生活压力大，但这不是忘记他人之恩的借口。

为什么现在越来越多的人没有感恩之心了？原因有千万种。也许是个人认识层面的缺陷，人们看到的、接收到的信息千千万，思想超前，而自身的知识储备、个人的阅历和自我约束力跟不上，就会造成对信息、对事物的甄别能力不准确，对人间的真善美不能够做出分辨，出现断层。

也许是个人所处的生活环境所致。例如，一个孩子在过于宠溺的环境中成长，家长总是对孩子有求必应，尽一切可能满足孩子的欲望，结果孩子就会养成只知道索取、不懂得付出的恶习，谈何感恩之心。

信仰的缺失让很多人失去了精神层面的支撑，没有积极向上的精神追求，容易造成浮夸、激进的思想，陷进金钱、物质与利益的泥沼中，觉得"我的所有成就都是自己挣来的，不是别人的施舍，不需要感恩别人"，久而久之，也就没有了感恩之心。

真正的行善之人，做了善事也不会贪图别人的感谢。他们施善行、做善事，是因为他们知道世界是美好的，人与人之间是有真善美的。不懂感恩的人大多喜欢埋怨、浮夸，激进且缺乏爱心，更没有博大的胸襟。

假如生活欺骗了你，要懂得感恩，当成是生活对你的考验，让你懂得了生活的真相，让你的意志和身心各方面都得到了历练，在未来生活的道路上更加坦然。如果别人在你身处逆境时帮助了你，也要懂得感恩，因为在你困难无助时，正是别人给你带来了温情和光明。

平衡心降阶：内心不平衡，为小事纠结

人生就是一场长跑，在命运的竞赛中，每个人都希望公平，但其实每个人生来都是站在不同的起跑线上的，赛程也不一样、不公平。世界向来如此，同样的目标愿望，有人能轻易达成，有人历尽万难才堪堪达成，有的人甚至倾其所有而不可得。对于这种情况，很多人会觉得内心不平衡，生出很多妄念。

为了提高员工的专业能力和业务水平，领导执行了一项新计划，单位

组织某项资格证培训与考试，只要能顺利通过拿到资格证，就会全额报销费用。

小吉在四年前已经通过了这项考试，她想着既然领导鼓励大家去学习深造，自己何不借此机会也参加一些培训呢，小吉并未多想，没有口头请示单位领导，就打了一份培训请示文呈给了分管单位的大领导，大领导批示并同意。等到临近出发的时候，小吉才想起应该先和单位领导打声招呼。不过单位领导有些生气，但也不好发作。

小吉培训回来，准备报账，部门同事王姐说她处理事情的流程不对，领导要求按照流程报销费用。这件事情让小吉没少挨数落，光领导办公室就去了两次。

小吉很纳闷，在她心里，领导的形象也从原先的宽容温和变成了刁钻刻薄。王姐知道了小吉的心思，说："你对这个事情的处理犯了大忌，在做决定前应该先请示自己的领导；其次，领导支持这项培训是基于提高员工本职工作能力而考虑的，而你参加的培训与业务关系不大。总的来说，你就是放大了自己的特权，心理失衡所致。"

小吉顿时蒙圈，什么是心理失衡？

内心感到不平衡会影响人们的一系列心理与行为，造成这种心理与行为的原因，概括起来主要有以下几个方面。

1. 不合理的期待

人们会在工作中存在不合理期待，觉得自己努力与否都应得到比别人更多的资源，会推卸或曲解工作责任，严重的还会萌生离职的念头。

2. 过高的自我体验

内心不平衡的人有强烈的自我观念，以自我为中心，工作中会体验到更多的挫折感，容易产生不平衡心理。

3. 产生敌意行为

面对问题时容易把成功归因为自己，失败归因到他人身上，继而引发人际关系的紧张，对待上级或同事容易出现不满、指责、贬损等行为。

那么，哪些人容易出现不平衡心理呢？

（1）有过不愉快的生活经历。例如，一旦在过往经历中遭受过不公平待遇，就会认为自己比别人承受了更多的损失，在以后的生活中就会出现"应该比别人多一些权利"的想法，不平衡心理就会增强。

（2）感到人际关系不安全。良好的人际关系能够提高工作成功率和个人幸福率，在职场中，如果和同事间形成了融洽、和谐、稳固的关系，就能促进心理健康发展。反之，越是疏远和不信任同事，心理不平衡感就越高。

（3）社会经济地位较低。社会经济地位较低的人处于弱势地位，容易对自己的现状产生不满，会觉得社会对自己不公，容易造成内心的不平衡。

如何看待自己的不平衡感？

首先，提高自我认知水平。不平衡过高和认知水平过低结合，会削弱人们认知努力的动机，产生自利性归因偏差。调整认知水平，正确做出归因，才不会产生心理偏差。

其次，保持开放宽容的态度。要对自己经历的痛苦和失败不予回避，用包容的心态去感受和接纳，尽量少持有色眼镜去看待事物，更多地了解别人的做法。

分享精神降阶：封闭自己，不愿意付出

自我封闭是指个人将自己与外界隔绝开来，很少或根本没有社交活动，除了必要的工作、学习、购物以外，大部分时间将自己关在家里，不与他人来往。自我封闭的人都很孤独，没有朋友，甚至害怕参与社交活

动。现实中，这种环境不适的病态心理现象越来越多。

随着青春期的到来，有个读高中一年级的女孩就慢慢产生了摆脱父母的心理，整天待在书房里，坐在书桌旁，每天偷偷地写完日记后，藏在抽屉中，不让妈妈看。她希望用自己的内心去体验世界，可是面对纷繁的现实世界、繁杂的人际关系和沉重的学习压力，又感到一种内心的不安全感。于是，她开始变得孤僻，害怕人际交往，在内心中产生一种莫名其妙的封闭心理。有时，会一个人跑到小河边望着宁静的河水流泪，顾影自怜。

她渴望与同学进行交往，羡慕其他同学快快乐乐、无忧无虑地参加集体活动，却又害怕主动与别人交往，还抱怨别人对她不理解、不接纳。

这种心理特征就是心理自我封闭。与外界隔绝，孤单寂寞，生活在个人的小圈子里，发展到一定程度，就成为一种心理疾病。如果整天待在自己的空间里，和外界隔绝，将自己封闭起来，对外面的事情不闻不问，长此以往发展下去很有可能会变成自闭症。

自我封闭在各个年龄层都可能产生：儿童有电视幽闭症；青少年有性羞涩引起的恐人症、社交恐惧心理；中年人有社交厌倦心理；老年人有因"空巢"和配偶去世而引起的自我封闭心态。

每个人都有相互沟通交往的需求。据统计，人除了8小时睡眠外，一天中其余70%的时间被用来交流信息与情感。而有封闭心态的人，则不愿与人沟通，很少与人讲话。他们不是无话可说，而是害怕或讨厌与人交谈，前者属于被动型，后者属于主动型。他们只愿通过特有的方式与自己交谈。

自我封闭是一种非常可怕的心理疾病。

1. 为何会封闭自我

自我封闭心理是一种心理防御机制。个人在生活及成长过程中常常会遇到一些挫折，挫折会引起个人的焦虑。抗挫折的能力较差，就会让焦虑越积越多，个人只能以自我封闭的方式来回避环境，降低挫折感。有些人受社会错误观念的影响，降低了社会交往与自我表现的程度。

社会交往是正常人的一项基本需求，交往能传递情感，满足人的社会与精神需求。而有自我封闭心理的人则人为地剥夺了这项需求，使得信息通道狭窄，情感隔离，孤独感、隔世感油然而生，使心理活动病态化。

对青年而言，同一性危机是产生自我封闭心理的重要原因。同一性危机是美国心理学家艾里克森提出的一个概念，他认为，同一性危机是青年企图重新认识自己在社会中的地位和作用而产生的自我意识混乱。换言之，即指青年人向各种社会角色学习技能与为人处世的策略。如果没有掌握这些技能与策略，也就无法获得生活自信心，以进入某种社会角色，与他人亲近或者与他人共同劳动，就会退回到自己的小天地里，不与别人有密切的往来，导致变得越来越孤单和孤立。

对中年人而言，艾里克森认为，一个健全的中年人应关心和爱护下一代、为下一代人提供物质与精神财富。如果不关心下一代，或不能完成上述活动，那他就是一个"自我关注"的人，只关心自己，不与他人来往。

对老年人而言，丧偶丧子的打击很易使人心灰意懒，精神恍惚，对生活失去信心，不能容纳自己，常常表现为十分恋家。例如，住在医院里时变得焦躁不安，回到熟悉的家里，情绪才能平稳下来。

可见，自我封闭心理与人格发展的某些偏差之间有因果关系。

2. 自我封闭的表现与危害

（1）社交恐惧。有些人幼年时期受到过多的保护或管制，内心比较脆弱，自信心很低，只要有人说点什么，他们马上就会胡乱对号入座，心里感到紧张。他们最怕到公开场合，在生人面前，他们常常感到束手无策，干脆躲在家中不出来。

（2）自责心理。有些人因生活中犯过一些小错，例如偷过东西、看过黄色录像片、违反过交通规则等，他们也许并未受过惩处，但道德观念太强烈，导致自责自贬。自己做错了事，就看不起自己，贬低自己，甚至辱骂、讨厌、摒弃自己。总觉得别人在责怪自己，感到惶惶不可终日，于是深居简出，与世隔绝。

（3）消极的自我暗示。有些人因为个子特别矮小或特别高大，或有某些身体缺陷，或容貌丑陋等，过分注重个人形象的好坏，总觉得自己长得丑。这种自我暗示使他们非常注意别人的评价，甚至别人的目光，最后干脆拒绝与人来往。

恋爱能力降阶：不敢爱，觉得爱情很难

现在有很多人宁愿闪婚，也不愿意去花费时间谈一场恋爱。很多人也许会觉得两个人在一起肯定是比一个人要好，能够一起分享彼此之间的快乐和想法，遇到什么困难时能够互相帮助。可是，对于不想谈恋爱的人来说，这些事情有朋友就可以了，朋友可以替代恋人，不需要再花费很多的时间和金钱来培养一段甚至没有可能的感情。

对于爱情，每个人都有自己的见解。如今，越来越多的人都觉得谈恋爱很难，这是为什么呢？

1.觉得谈恋爱太麻烦

有些人认为，要想重新开始去认识一个人，需要从头到尾了解对方，会觉得很累，也很麻烦。很多人不是不想谈恋爱，而是有过一场感情经历，发现谈恋爱的成本太高。况且，找到一个让自己感到心跳加速的人也很难。有时候，即使遇到了感觉不错的人，但一想到维系一段感情要投入的时间和金钱，还不如不谈恋爱。

2.心态太浮躁，不踏实

追求人的套路很简单，深夜时给他的朋友圈点赞，偶尔无聊时找他谈谈心，说一些听起来能够让人误会的想入非非的暧昧情话；有了热门电影，他会说只想带你一起去看；新开的餐厅，他也想改天带你一起去品尝。可是，当你认真地询问他改天是哪天时，下一次又是哪次时，却总没有一个确切答案。他们总是一阵风似的出现，然后又莫名其妙地消失。明明是他先撩拨的你，但结果最放不下的那个人又是你自己。

3. 心里有难以忘怀的旧事

每个人心中都有一座城，住着一个不再可能的人，那个人路过了青春一阵子，却会在记忆里搁浅一辈子。有些人不想谈恋爱，大概是心里有一个无法在一起的人和一个不会再回头的人。也许被那段感情伤得太深太累太痛，已经没有其他精力再去爱另外一个人。既然心里住着一个永远都不再可能的人，所以为了对自己负责任，对别人负责任，身边的一群人也就变成了不可能。

4. 没有安全感，对爱情三分钟热度

不知道从什么时候开始，对爱情三分钟热度的人越来越多。他们没有耐心，总是希望和女孩吃两顿饭、看几场电影就要确定关系。有些男人虽然嘴上说着喜欢某个女人，可是如果对方没有立刻做出回应，他们就会立刻转身去喜欢上别人。如此，以后每当再有人试图靠近女人时，女人就会本能地后退，将自己包裹严实，保护自己。因为经历过，让女人失去了这份安全感，再经历下一段感情时就会不自觉地小心翼翼。

5. 被感情伤害过，缺少从头再来的勇气

有些人曾被一段感情伤得太深，感觉到自己不会再爱了，也感觉到自己不再相信爱情了，害怕会再次触碰那痛彻心扉的伤口，害怕又一次真心付出却得不到回报，害怕被辜负，不愿意去相信，更不愿意去给予，不敢再随便开始一段感情，生怕在这段感情里再次受到重创。所以，为了避免伤害，他们就会拒绝所有的开始。

6. 没有自己喜欢的人

有些女人的追求者有很多，但她们却始终无动于衷。或许是因为她们很优秀，别人以为很多人追求她们，所以不敢不自量力地对她们动心。其实，很多人保持着单身状态并不是没有人追求，只是因为他们没有遇到那个足够让自己怦然心动的人。

【爱商小测试】

你的尽责心有多强？测出你的责任感指数。

1. 你会经常对他人许下承诺吗？（　　）

是的…………1分　偶尔…………2分　很少许下承诺…………3分

2. 与他人约定时间聚会，你通常会（　　）

迟到…………1分　按点到…………2分　提前到…………3分

3. 对于自己的工作和生活，你是否有详细的安排？（　　）

是的…………3分　偶尔…………2分　不是…………1分

4. 你是否会为没有发生的事情做准备？（　　）

是的…………3分　偶尔…………2分　不是…………1分

5. 答应朋友的事情，你是否会尽心去做？（　　）

是的…………3分　偶尔…………2分　没有…………1分

6. 对自己从事的工作，你是否有敬畏心理？（　　）

是的…………3分　偶尔…………2分　不是…………1分

7. 对上级指派的任务，你通常会（　　）

保质保量完成…………3分　勉强完成…………2分　拖拖拉拉，不检查不做好…………1分

8. 对自己要做的任务，你会用何种态度？（　　）

切切实实地完成好…………3分　完成任务目标即可…………2分　应付了事…………1分

9. 做错了某件事时，你通常会（　　）

坦白自己的错误…………3分　刻意淡化导致的后果…………2分　掩饰和推卸责任…………1分

第三章 爱商降阶:正在消退的爱

10.发现自己不喜欢的人犯了错误时,你通常会(　)
帮助他改正…………3分　单纯指出错误…………2分　指责对方…………1分

测试结果:

10~15分 责任感指数:两星

你的尽责性很差,做事情不严谨,无法给人可靠的感觉。究其原因与你的成熟度过低有关,你可能还把自己当作是没有长大的孩子,很多事情觉得可以不必负责任。同时,感受到压力时,你通常会用一种幼稚的行为来应对。其实,责任心的建立需要从小养成,不能因为自己年龄小就逃避问题,该面对的还应及早面对。

16~20分 责任感指数:三星

你的尽责性有些偏低,可能在日常生活中缺乏计划性和条理性,想到什么就做什么。在与他人交往中,你可能会给人一种我行我素的感觉。你有着良好的创造性,思维不受限制,有出人意料的创意和想法。做事风格不拘一格,偶尔会不按套路出牌。思维敏捷,灵活性和变通能力较强。

21~25分 责任感指数:四星

你的责任感很强,做事会尽心尽力,不会糊弄。你尊重并且会维护一种秩序性和结构性,但有一定的灵活变通能力,不过于刻板化。你给人一种可靠的感觉,能赢得朋友的支持和认可。你的自我控制能力很好,即使是一个人,也会严格要求自己。

26~30分 责任感指数:五星

你的责任感非常强,表现在日常工作和生活中,喜欢提前进行规划,并按照规划一步步执行,因此执行力很强。你有一定的远见,喜欢未雨绸缪,会提前应对未知的危机。你对待朋友忠诚可靠,有很强的道德心。对待工作任务一丝不苟,有一种实干家的精神。可是,你的思维眼界过于狭隘,为人不宽容,原则性过强。

第四章
爱商能力：爱的本能与能力

　　观察一下身边朋友的情感状态，就会发现有的人在感情上很幸福，而有的人则是一团乱麻。之所以有这么大的不同，除了运气等不可控因素之外，最重要的原因就是他们在处理感情问题的能力上的不同。关于这种能力，我们可以称之为爱商能力。

情绪是心灵的反映：管好情绪，才有能力爱别人

只有管理好自己的情绪，才有能力去爱别人。不能管理好自己情绪的人，只会让与自己相爱的人痛苦，错失爱的机会，甚至还会伤害人。

谈起自控情绪，很多人都会立刻想起历史上的一个著名典故——胯下之辱。《史记·淮阴侯列传》记载：

韩信小时候失去了父母，生活困苦，经常受一位靠漂洗衣物生活的老妇人的施舍，屡屡遭到周围人的歧视和冷遇。一次，一群恶少当众羞辱韩信。一个屠夫对韩信说："你虽然长得又高又大，喜欢带刀佩剑，其实你胆子小得很。有本事的话，你敢用你的佩剑来刺我吗？如果不敢，就从我的裤裆下钻过去。"韩信自知当时形单影只，硬拼肯定吃亏。于是，当着许多围观人的面，他从那个屠夫的裤裆下钻了过去。

"胯下之辱"不仅在当时，即使是当今，一般人也很难做到，可韩信却做了，难怪后来他能成为大汉王朝的开国元勋。从自控情绪这一点来看，韩信当时真是做到了极致，能屈能伸，是后人学习的榜样。

自控情绪，是自我意识的重要组成部分，表现在认知、情感、行为等方面，是个人对自身的心理和行为的主动掌握、适当控制、积极调节、坚持不懈，最终保证目标实现的一种综合能力。

生活中，要应对各种各样的人和事，悲伤、失望、痛苦、郁闷是在所难免的，对此，要学会管理自己的情绪，掌控自我的情感波动，不能让冲

动的洪水冲破理智的堤坝。情绪管理好了，就能理智地去爱别人和自爱。

1. 为什么要自控情绪

（1）实现自己理想目标的需要。人是社会中的人，人的社会属性决定了我们要想在这个社会中立足并过上好日子，就必须要有目标和梦想，给生活确定一个正确的导向。处在各种复杂的社会关系中，有各种法律、制度和道德及舆论的管制和约束，结果无论是在生活中还是在职场上，个人的想法与做法都容易与单位、组织或者其他个人发生矛盾，继而让情绪受到极大影响，不仅影响工作，而且影响生活。伟人之所以伟大，是因为他与别人共处逆境时，当别人失去了信心，他却依然能下决心实现自己的目标。

（2）形成和谐职场关系的需要。在工作和生活中，作为公司或组织的一员，必然要和上级、同事和下属之间产生各种各样的关系。每个人对工作、对人生、对他人的想法和看法都不一致，在实际的交往中就会产生分歧和矛盾。如果协调通畅，大家皆大欢喜，但现实是，很多事情很难达成统一，容易出现这样或那样的情绪，甚至导致不满和怨恨。有效地控制自己的情绪，并积极寻找大家都能接受的意见和看法，最终达成一致，不仅能管控和历练自己的情绪，还会形成更和谐的同事和朋友关系。

（3）个人修养水平提高的需要。一个人修养水平的高低，不仅决定于他的智商和学识，更决定于他的情商和涵养。在日常工作和生活中，大多数人从事的都是普通工作，太多的琐事会影响个人的情绪。分清轻重缓急，不骄不躁，冷静处理，就能将事情处理得比较完美，得到想要的结果。同时，个人的胸怀、人格魅力和内涵修养都会在处理事情的过程中得到历练，个人的综合修养水平也会逐步提高。

2. 如何做到自控情绪

调整和管控好自己的情绪，要依靠平时的点滴积累和不断磨炼。

（1）顾全大局，以人生目标为宏观。有确定的方向和目标时，就会奋不顾身、心无旁骛地朝这个目标靠拢和接近，以便尽可能实现。各项努力最终是为了目标的实现，所以，其他影响因素不能成为前进路上的绊脚石。如果从大处着眼,顾全大局,就不会在一些琐事上纠结。因此,遇到来自情绪上的影响,要迅速调整,杜绝不良情绪对实现目标的干扰,甩掉包袱,轻装前进。

(2)求同存异,以协调职场为中观。在职场生涯中,每个人的出身、教育和修养层次的不同,决定了大家有时对同一项工作持有不同的看法和做事方法。应该是在维护公司或组织利益的前提下,坚持尽可能地求同存异,心气平和,共同协商解决问题的思路。各自坚持己见,互不相让,暗中互相拆台,不仅做不好事情,还会严重影响情绪,损害职场和谐关系。

(3)砥砺内心,以提高修养为微观。在日常生活中,除了工作,每天遇到最多的问题还是柴米油盐等。既然是普通的日常生活,就免不了会发生这样或那样的麻烦事。隔壁老王提正处了,自己心里有点不平衡;单位小李年纪轻轻就被破格提拔为教授了,自己内心堵得慌;同事老李的女儿要出国留学,自己心里酸酸的……看到这些,不要随波逐流,而应该有自己的主见,并且正确积极地看待问题,不要让这些事影响到个人的情绪,从而影响工作和生活。

真正的爱不伤人:用不伤关系的方式来表达需求、愿望和感受

遇到不顺心的事,可以找一个或几个谈得来的朋友,一起聊聊天,倾诉下内心郁结的情绪,甚至可以倒倒苦水,适当发泄下。因为有些情感是不能也无法被压抑的,最好的办法就是疏导,排遣;一味地压制或自闭,只会适得其反。

关系中的伤害和冲突往往来自彼此的需求没被看到,或没被满足,或

者满足的方式不对。但人们很少会反思为什么需求没被满足。更可怕的是，当用这样的方式表达需求时，就已经把自己放在了被拒绝的位置上。

1. 伤害人的方式

伤害人的方式有很多，有的可能并不被意识到，却会直接破坏亲密关系，导致失控。

第一种：反向形成

意识上可以理解为相反的语言或行为，举几个例子。

比如，有人说："你赶紧走吧，我再也不想看见你了。"当对方真的要走，他就会更生气，说："快点，把你的东西全部拿走，再也不要回来！"结果，对方真的收拾行李离开了。

比如，孩子写作业拖拉，家长一把抓过作业本扔在旁边，冲孩子吼道："快别写了，什么也别写了。"孩子若真的不写，家长会更加愤怒，又喊："学校也别去了，上学对你来说根本没用。"

其实，他们的真正需求是："不要离开我"；"我希望你能有效地写作业"。但给对方的感觉却像是在赌气，好似这是他真正需要的。在表达的"压力"下，即使对方知道你不是这样想的，还是会接收到你不想要的反馈，比如，爱人会真的离去、孩子真的不写作业等。

之所以如此，是因为采用的情绪和语言都代表"我不需要你"，是一种攻击状态，很有张力，对方会本能地避开这样的张力，让关系破坏升级。

第二种：回避

或许你有这样的感受：要做某个决定时，往往选择"逃开"，去哪里吃饭、去哪里旅行、给孩子报什么补习班，总会把选择权交给对方，让对方决定，采用的是"你来决定吧""随便吧""无所谓""你看着办吧"等表达句式。当对方真做出了决定之后，你并不满意，甚至会抱怨："我就知道这个不行。""你怎么会这样选择呢？""你怎么不考虑我的感受呢？"如此一来，争执在所难免。

把决定权交给对方的同时也把责任交给了他，你在回避自己的需要，这里有两种可能：第一种是不知道自己的真实需求是什么；第二种是不愿承担选择失败造成的后果。无论是哪种，都在用回避的方式压抑需求，导致自己对结果不满，因为对方的决定都是以他自己的需要为出发点，很少会从回避的态度里猜出你真正的需要。

第三种：指责与抱怨

现实生活中这种情形比比皆是，例如"你什么家务都不干"；"光知道躺在沙发上"；"总是玩游戏"；"总那么晚回来"；"为何不回我信息"等。这样的抱怨隐藏了真实需求："我希望你和我分担家务"；"我希望你多陪我一会儿"；"我喜欢你能及时回应我，否则我会很伤心"。

采用指责对方并提出需要时，需要一定不被看见，当两种情绪同时出现，另一方首先会考虑危险的情绪进行反馈，指责抱怨本身就是攻击，是在伤害对方，那么对方的反应通常情况下就是逃离、漠视、对抗。

第四种：借助第三方

生活中能看到许多父母会把问题指向孩子，孩子承担了父母的冲突，成了他们感情不和的"替罪羔羊"，甚至成了"传话筒"。父母双方从不正面表达对彼此的情感需要，而是把需要转移到孩子身上。孩子也会感应到这个部分，变得"有问题"会更被关注，于是需求主体发生错位，家庭关系更复杂。其实，无论第三方是什么，都无法满足彼此的需求，只能当作是转移痛苦的缓兵之计。

2. 改变表达需要的方式

（1）体验结果带给人的感受。用不恰当的方式和对方互动，只能不欢而散，你的感觉是怎样的？伤心、失望、无助、愤怒？要在这种感受中多待一会儿，不要快速转移注意力。

（2）感受其他联想或相似体验。待在这种苦涩感受中时，会浮现很多自由的念头，它们是什么？以往曾经出现过吗？是否出现在其他关系中？在小时候和父母的互动中？这样的联想就像一个思想链条，链接了很多相似或相反的感受、事件、情景，这些都是打开潜意识之门的钥匙。

第四章 爱商能力：爱的本能与能力

（3）体验久了可以适当有意识地做出调整。先从一个小点开始略微变动，在双方熟悉的互动中加入点小变化，比如，常抱怨伴侣下班晚。今天，当他回家不要像往常那样指责和冷落他，不要抱怨和讽刺他，而是温和地表示关注，说："以后不要那么晚回来了，注意身体。"这时再观察对方的反应。

站在他人立场思考：理解对方、支持对方、善待对方

心理学中有个词是"同理心"，就是站在别人的角度去看待事情。学会从对方的内心出发，看待周围，就具备了一颗同理心，就会跟着对方的痛苦而痛苦、快乐而快乐，进入到一个角色的互换之中，从对方的角度理解对方并支持对方。

想要在交往方面获得成功，需要设身处地去了解他人的观点。愚蠢的人常常会想方设法寻找对方的错误，而聪明的人则会站在对方的角度，努力了解对方，理解对方的行为，进而宽容地谅解对方。

记住，没有人愿意被诬陷，当对方没有承认错误之前，千万不要去责备他。愚蠢的人总是喜欢指手画脚，他们喜欢批评，喜欢陶醉在这种看似高人一等的自我满足中。聪明的人则正好相反，他们或是沉默不语，或是委婉鼓励，经常会去探究别人的心思，认真思考别人当时的处境，然后努力了解对方，原谅对方。

如果你能经常对自己说这样一句话："如果我是他，我的感觉将会怎样，我又会如何处理这件事？"将会节省很多时间，免去很多烦恼。既然对事情的起因已是如此感兴趣，又何必讨厌它所带来的结果呢？

与人交往难免会有摩擦和误解，如果双方都能去换位思考，站在对方的立场去考虑问题，用心去感受对方的情绪状态，解不开的"疙瘩"自然就能迎刃而解。

1. 用与人交往的方式对待交往

不了解对方的立场、感受及想法，就无法正确地思考与回应。换位思考到底是什么呢？其实就是"理解"别人的想法、感受，站在对方的立场来看事情。它需要一点好奇心，但不幸的是，许多人的换位思考却缺少了这样一个要素。或站在自己的位置上去"猜想"别人的想法及感受，或站在"一般人"的立场上去想别人"应该"有什么样的想法和感受。同样，在婚姻中，男性应懂得婚姻不是找了一个给自己干活的仆人。站到对方的角度去考虑问题时，很多事情就自然而然地解决了，反之，如果总是在意自己得到了什么，就会失去得更多。

2. 感其所感，想其所想

美国催眠大师斯蒂芬·吉利根做过一个小练习：一个人向你打出一拳，你可以当面去感受这一拳打来，也可以转身站在对方的后边，从这个角度去感受他。两种感受截然不同，第一种情形下，你会感觉到紧张，会有恐惧或怒气升起；而第二种情形下，你的身体是放松的，会对这个人产生一种理解甚至悲悯。

解释起来可以说，假若你以为对方的敌意是针对你的，你也会产生敌意；当你试着站在对方的角度上，感其所感、想其所想，就很容易理解他，会产生不同的情感，夫妻关系亦是如此。

3. 己所不欲，勿施于人

两个人原本是个性差异很大的独立的个体，交往里出现的每个问题，都需要双方去共同面对。凡事应先考虑自己有没有做好，总是挑对方的错，不但于事无补，还会伤害彼此的感情。孔子告诫世人"己所不欲，勿施于人"，就是说，自己不愿意承受的，不要强加在别人头上。结婚并不代表着让一方完全符合另一个人的习性，在生活中要学会容忍和接纳对方，要学会换位思考。

不能只相信已经相信的：承认差异，允许成长

中国有句古话叫求同存异，说的就是要尊重别人的特点和个性，不要强求别人的性格或做事的方式和你一样。如果真是这样，世界就太单调，太缺乏色彩和个性了。多元社会导致多元文化，而在多元文化背景下，必须要有开放的态度，尊重差异，允许他人按照自己的思考去发展、成长。

一个博士分到一家研究所，是单位学历最高的人。有一天，他到单位后面的小池塘钓鱼，正、副所长站在他的一左一右也在钓鱼。他微微点了点头，心里暗暗想道：跟这两个本科生，有啥好聊的？

不一会儿，正所长放下钓竿，伸伸懒腰，"噌噌噌"从水面上如飞地走到对面上厕所。博士看得眼睛都快掉下来了。水上漂？不会吧？这可是一个池塘啊！正所长上完厕所回来时，"噌噌噌"地又从水上漂回来。怎么回事？博士生又不好意思去问：我可是博士生啊！

过一阵，副所长也站起来，走几步，"噌噌噌"地飘过水面上厕所。看得博士差点当场昏倒：不会吧，到了一个江湖高手集中的地方？博士生也内急了。池塘两边有围墙，要到对面的厕所得绕十分钟的路，而回单位上又太远，怎么办？博士生不愿意去问两位所长，起身往水里跨：我就不信本科生能过的水面，我博士生不能过。结果，"咚"的一声，博士生栽倒在水里。两位所长将他拉起来，问他为什么要下水。

他不答反问："为什么你们可以走过去？"

两个所长相视一笑，说："池塘里有两排木桩子，这两天下雨涨水正

好在水面下。我们都知道这木桩的位置,所以可以踩着桩子过去。你怎么不问一声呢?"

这个过分相信自身实力的人,最终还是吃了亏。自负的人往往自以为是,听不进别人的意见和忠告,对别人的想法嗤之以鼻。久而久之,只会引起大家的反感,被大家讨厌。

听不进任何不同的意见,总是摆出一副强硬且自以为是的架势,没有人会喜欢,只会使人感到难堪,甚至交不到任何朋友。因为跟你在一起,感受着你盛气凌人的态度,谁也不会感到愉快。

一个人如此自负,一点儿好处也没有,无法从别人那里学到任何东西。更关键的是,总是这样的态度,将无法再获得朋友。地分南北,人分男女。每个人的生活经历、受教育的情况和程度的差别,会形成不同的人生观念、思维模式、行为准则、生活方式、生活习惯、待人处世乃至气质、风度等。因此,如同世上没有两片完全相同的树叶一样,世上也不存在完全相同的两个人。

人的生存是互为依存的,人与人之间有着千丝万缕的联系,而在人际关系网络的关键节点上,人与人之间的联系则更为紧密。比如夫妻关系,父母与子女的关系,亲人之间、上下级和同事间的关系,朋友之间和事业伙伴之间的关系等。要想处理好人际关系,首先就要认识差异,承认差异,然后想办法缩小差异,促使差异最小化,进而取得对人、对事的认识大体统一,实现行动步调的大体协调。

1. 地域差异

由于人种遗传、历史文化、自然环境、生存条件、经济发达程度的不同,北方人大多身材高大强健,性格热情粗犷,思想相对保守,行为比较稳重;南方人则身材相对矮小,性格大多温和,思想开放,头脑灵活,善于做生意和处世,即所谓"南柔北刚"。在生活习性上,大体体现为"南米北面""南甜北咸"。

2. 性别差异

男强女弱，男刚女柔，男粗女细，男外露女内敛，男重事业女重家庭，男重性女重情……男女双方各有千秋。因此男人要看懂女人，女人要读懂男人，就要相互尊重、理解。在男人更显强势的社会里，男人要学会尊重女人、呵护女人，不能大男子主义，更不要太自我、太挑剔。当然，女人也要理解男人的本性，支持男人的事业，不要太虚荣、太计较。

3. 年龄差异

基于年龄差别，阅历不同，生理、心理的不断演化，会形成不同的对人、对事的评判标准，待人处世的不同原则、方式，不同的生活状态和习性。原则上，年幼的要尊重年长的，学他为人处世上的老练、稳重、学识和经验；年长的要理解年幼的，理解他的开放、敏锐、激情和创新。

4. 角色差异

老板和员工，上级和下级，主角和配角，因为各自的角色不同、职责不同、处境不同，决定了权力不同、话语权不同。由于客观现实的存在，强弱态势难以改变，职位低的人通常只能是弱势角色服从强势角色，但不能放弃做人的尊严和突破法律、道德的底线。

你的状态或行为都会影响他人：
相互影响，让彼此变得更好

人与人之间的情是相互的，只有你先去爱别人，别人才会来爱你；只有你先主动去帮别人，别人才会帮你；只有你先施与别人，别人才会回敬于你。你给世界几分爱，相应地，世界就会回你几分爱。

不仅坏情绪可以传染，爱和正能量也可以快速传递。拥有爱心的人在做好自己时，其实已经得到他人的认可，并且被他人模仿。因为真善美是谁都渴望拥有的，没人想把自己弄成一个大恶人，遭人唾弃。从内里变得很好，对方也会跟着变好，世界也会由此整体上更加进步、和谐。

不管是爱人还是朋友，能够在一起就是缘分。世上有千千万万的陌生人，彼此能够在人海中相遇、相识、相知，是一件多么美妙的事情啊！不要因为一点小事，就否定一个人的品行；不要因为与对方的一点矛盾，就跟他划清界限。谁都有不足和缺点，谁都会有自私和犯错的时候。

每个人都是一个能量场，这个能量场是独一无二的。如果自己的能量跟其他人的能量相差太大，通常会强而有力地影响对方，这个影响有可能是好的，也有可能是坏的。

就好比一对夫妻睡在一张床上，整个晚上两人的能量是不断交流的，这种能量进行八小时的融合，两人的能量不是彼此增强，就是彼此损耗。人与人之间，初次见面的两个人，也会进行能量的交流。很多人会有这种感觉：初次见一个人时，第一印象对这个人特别好，感觉很舒服。或者，没来由地对一个人印象很差，这个人无论是做什么都觉得讨厌。这种情况就是感知能量模式开启了。其实，每个人每时每刻都在与宇宙进行信息交流，只是大多数人都没有主观意识到而已。

能量强的人一般能干扰能量弱的人。如果这个人能量强，还不是正能量，受到的影响不是我们能想象的，应该尽量远离。因为能量场确实有真实的交流，这种交流基本上都是在能量层面进行相互转化、交流，影响能量场模式。还有很多关于能量的现象，要靠大家自己去留意。

想不被别人干扰，就要提升自己的能量。提升能量的方法就是学会滋养自己。从身体、情绪、灵性层面，都必须得到滋养。平常不注意这些滋养，能量就会疲软下来。

提升能量的几个简单方法：

（1）身体方面。平常多食用一些健康食材，吃饭细嚼慢咽，坐下来享受美食，让自己处于愉悦的状态再进食。

（2）情绪方面。保持良好的心情状态，控制情绪不要有太大的波动起伏。

（3）灵性层面。读一些哲学书籍，提升能量。

【爱商小测试】

测测你爱人的能力有多强。

1. 你喜欢邀请朋友来家里玩吗？（ ）

A. 很喜欢 B. 一般 C. 不喜欢

2. 在朋友间的聚会上，你会主动发言吗？（ ）

A. 不是 B. 还行 C. 是的

3. 上下班你更愿意选择下面哪种交通工具？（ ）

A. 自行车 B. 公交 C. 地铁

4. 客人来了，你是先泡茶，还是拿零食出来？（ ）

A. 先泡茶 B. 不确定 C. 拿零食出来

5. 你重友轻色吗？（ ）

A. 有点 B. 不是 C. 是的

6. 你最喜欢用下面哪种材质的扇子？（ ）

A. 塑料 B. 纸 C. 木

7. 公司要求员工频繁加班，你会如何做？（ ）

A. 提出提高工作效率的方法 B. 接受 C. 辞职

8. 他会做让你感动的事吗？（ ）

A. 会 B. 不会

9. 平时你关注社会新闻吗？（ ）

A. 不会 B. 不确定 C. 会

10. 情人节你最想要什么礼物？（ ）

A. 衣服 B. 一些没吃过的水果 C. 电子产品

11. 出去逛街，你一定要找个伴吗？（ ）

A. 是的 B. 不确定 C. 不是

12. 你喜欢去陌生的城市生活吗？（　）

A. 不喜欢　B. 很喜欢　C. 一般

13. 对于特别的日子，你会要求他记得吗？（　）

A. 会　B. 不会

14. 吃饭时，你喜欢何时喝汤？（　）

A. 饭前　B. 饭后　C. 边吃边喝

15. 午休时，你一般睡多久？（　）

A.10 分钟　B.30 分钟　C.1 小时

16. 你是如何打发周末时间的？（　）

A. 约朋友出去玩　B. 睡懒觉　C. 一个人外出游玩

17. 你更喜欢什么样的公司制度？（　）

A. 有奖有惩制度　B. 有奖无惩制度　C. 有惩无奖制度

18. 放假时，你希望最好放几天假？（　）

A. 两天　B. 三天　C. 一周

19. 你更喜欢什么颜色的壁纸？（　）

A. 粉色　B. 白色　C. 天蓝色

20. 你认为，你对他很重要吗？（　）

A. 是的　B. 不是

21. 你更喜欢喝下面哪种饮品？（　）

A. 白开水　B. 咖啡　C. 茶

22. 听音乐时，你更喜欢什么模式？（　）

A. 单曲播放　B. 顺序播放　C. 随机播放

23. 有人评价你时，你认为他是出于什么心态？（　）

A. 嫉妒　　B. 羡慕　　C. 批判

24. 你跟他一起出去吃饭，你们的点餐模式是怎样的？（　）

A. 他决定　B. 自己决定　C. 一起商讨

25. 对一个人好时，你是出于什么心态？（　）

A. 自愿 B. 讨好 C. 求回报

26. 拍照时，你更喜欢拍什么景？（ ）

A. 人物 B. 山水 C. 人物山水

27. 你更喜欢住在哪里？（ ）

A. 闹市区 B. 郊区 C. 闹市与郊区中间

28. 如果你喜欢写日记，你会记什么？（ ）

A. 花销 B. 当日发生的事 C. 当日对所见所闻的感受

29. 你更愿意为他付出，还是他为你付出？（ ）

A. 为他付出 B. 他为你付出

30. 你觉得自己的审美属于大众，还是很独特的？（ ）

A. 很独特的 B. 属于大众型 C. 不确定

测试结果：

A. 爱人的能力指数：一星

因为不够自信，所以你看到的/听到的负面消息对你的影响很大。你忘记了朋友说自己恋爱故事时的开心样子，却记住了别人为情所困时受伤的样子，你在潜意识里对爱情有抵触情绪。你不主动追寻，即使有人主动靠近，也对爱情充满了不安感。出现矛盾，你想的不是如何解决，而是逃避了之。

B. 爱人的能力指数：两星

你在感情上比较自我，与人相处在意自己的感觉，喜欢一个人自由自在，不受约束，不愿意为爱情受限，可以和恋人一起开心地玩闹，却没有耐心陪着爱人伤感。

C. 爱人的能力指数：三星

你对爱情的理解有温柔感性的浪漫，也有利于长期发展的理性判断。虽然有自己的脾气，也会无理取闹，但认识到自己做得不对时，能勇于承认错误。你对恋人的关心不是表面上的甜言蜜语，你会细心地留意恋人的内心世界，会主动敞开心扉，甚至主动了解恋人的真实想法，有问题一起解决。

第五章 爱情商数：天长地久的秘密

尽管长相、年龄、学历、财富等都会影响爱情的成功与否，但爱商却是决定你爱情成功与失败的关键因素，并且决定你婚姻的幸福程度。很多人在事业上取得了成功，但是在感情上却是"很糟糕"的原因之一，是他们不明白恋人的需求及自己的需求。他们缺乏爱的能力，不知道如何表达爱和关爱身边的人。这都是缺乏爱商的根本表现。

爱商——爱的感受、智慧与能力

会索取：爱情是无私的同时也是自私的

在恋爱中掏心掏肺，将自己毫无保留地奉献给对方的，通常是输得最惨的那一方。

爱情就像一个天平，两边是你们的付出量。当你和他的付出不等量时，别以为你自己不在乎，实际上，时间久了，你必然会产生不平衡感，而对方也会在这段感情中备感压力，甚至产生优越感。

爱情需要双方的付出，而不是单方面的给予。网上都说男人一定要给女朋友疼爱，说女人太脆弱，难道男人就一定要坚强吗？在当今世界，男女应该是平等的。

每个人都有自己要做的事情，每天忙于各种各样的工作，穿梭于各种各样的人际关系中，应该懂得没有付出就没有回报的道理。但是在爱情里，有些人太傻。他们一直在付出，却从未得到过回报。其实，爱情不要只会付出，还应该索取。

爱情不是单方面的付出，需要双方向中间看齐、靠拢。双方向着共同点进发，这段爱情才能有更好的结果，这样的婚姻才能让人感到幸福，才能让人有信心走到最后。爱情不是交易，不是你付出了他就会给你回报，要懂得去索取。

1. 对方的幸福

爱情不能一味付出，因为爱情也需要天平，一旦超出了称量范围，天平的两端就会严重失衡。在付出的同时又想得到回报，付出后没有收获时就会很失望，开始纠结，怀疑自己的付出到底值不值得。这个时候就应该向对方索取回报，因为你给予他物质的关怀，他就应该回馈你精神上的安慰。

2. 让对方好好爱你

有些人很过分，理所当然地享受别人的付出，觉得这是自己应当得到的。在享受的同时，却不曾思考得到了就得付出。爱情里面一个人的付出实在太累了。倘若一味付出却没有得到相应的回报，就会失去继续下去的勇气，这也是谁都不愿意看到的。如果另一方能够知道爱情的来之不易，你的付出能够感动他，他就会好好地爱你，知道这段爱情来得不容易。

3. 让对方更加珍惜你

相爱的人都要好好珍惜彼此，不要轻易放开对方。两个人在一起，真的很不容易。前世的多少次回眸才换来了今生的相遇，所以一定要珍惜每一段爱情。付出了肯定要得到回报，如果久久得不到回报，就会慢慢对爱情失望。即使你没有用他给你的东西回馈他满满的爱，也可以用自己的心，让他知道你以后会更加珍惜他。只有知道这段爱情的来之不易，他才会更加珍惜。

4. 你成为他的唯一

男人如果很在乎一个女人，就希望这个女人只属于自己，自己也只属于这个女人。不能有第三个人和这个女人有过多接触，这就是男人的心理。男人渴望自己的付出能够得到回报，即使没有办法做到轰轰烈烈，也可以平平淡淡。爱情不是一味地付出，必要时还要懂得去索取，不能让这付出成为理所当然。

5. 每时每刻关注着你

太过于爱对方，就会非常关注对方。希望自己能时刻出现在对方的面前，即使是简简单单地打一个招呼也好。他会非常留意你微信的朋友圈，会保存你朋友圈里面的每一个图片，会记住你跟他说过的所有的话，会随时随地地给你点赞。

6. 跟你没有距离感

在两个人恋爱的过程中，男生和女生之间都表现得非常成熟，也非常独立，两个人可以天天都腻在一起，也可以给彼此一点自由的空间。两个人之间的感情不会因为分开一段时间就变淡，这样做更会让你们的感情升温。因为爱他，所以才会渴望着能够每天都待在他的身边。

有分寸：亲密的伴侣，也需要私人空间

生物学家为研究刺猬在冬天的生活习性而进行了一项情境实验：

把十多只刺猬放到户外的寒冬中。冷得发抖的刺猬们为了取暖开始慢慢互相靠近，但靠近后却因为身上的刺弄得彼此太痛，又选择分开。可是离得太远后，各自又开始发冷，因而再靠在一起，反复地聚了又分，分了又聚。几经折腾，它们终于找到一个最适合彼此的距离及位置，得以互相取暖，又不至于互相伤害。

人们从这个实验引申出一种可套用于人际关系的心理学法则，叫"刺猬法则"。这个法则说明，不论是恋爱，当朋友，还是做同事，人与人之间必须留有一定的距离和私人空间，这样才能建构一种长远的亲密的关系。

爱情中，有时候男女间会互相深爱，又互相伤害。因为深爱着对方而产生强大的占有欲，无法接受对方与异性相处，所以要求对方严禁与一切异性交往，比如爱人不得出席有异性的聚会；删除所有异性的联系方式；禁止结识社交网络上的异性。在他们眼中，世界上只能有彼此，还要

第五章　爱情商数：天长地久的秘密

断绝对方正常的社交。可是，这样的恋爱方式只会伤害对方，使感情沦为枷锁。

小安和男友相处一个月时，都觉得可以住在一起了，于是搬到了一间屋子里。每天，他们一起做饭，一起下班，一起看电影，一起休息。刚开始的一段时间，他们还和和美美，但是一个月后，他们就过了热恋期，出现了"刺猬效应"。

小安和男友的个性同样张扬，又时刻黏在一起，手机也可以互相查看，因此都觉得没有了自己的空间。于是，小安开始给手机换密码，男友开始给电脑加锁。慢慢地，彼此都察觉到对方的异样，小安觉得男友有事瞒着她，男友觉得小安对自己没有了信任。于是，他们开始互相猜忌，时常吵架、摔东西，感情提前进入了"瓶颈期"。他们在开始时太过黏腻，导致了后来的大打出手，最后自然是分道扬镳。

恋爱中的男女双方可以互相信任，可以直接询问对方，也可以保持自己的个性。可是，在这样的相处模式下，也请给对方一点空间，同时也给自己一些喘息的机会。贴得太紧是会累的，不管是你，还是你的他。

适当的距离在心理上会给人更多的安全感。心理安全距离是在自己舒适的同时，让对方也感到舒适。这个度很难把握。太远会疏离，太近又会腻。如何正确地把握，就看你的修为了。

一段成熟的恋爱是：因为我爱你，所以需要你。而不是我爱你，所以禁止你与异性接触，限制你的人身自由。爱主要是给予而不是占有，应该维持各自正常的社交活动，让对方去组织或参与朋友间的聚会。偶尔一起举办家庭聚会，各自邀来亲朋互相认识，在增加互信之余，也可以从中了解伴侣不为所知的一面。

很多人都抱怨，谈了恋爱或者结了婚就没有自由了。不管自己想什么，想去做什么，甚至想吃什么，都要考虑另一半。有时候还要征得另一半的同意。失去了私人空间，两个人的情感就像钻石失去了光泽，时间久了就会感到很累很疲惫，甚至产生很多负面影响，导致感情发展不顺。

私人空间对于每个人来说都是很重要的，同时也是对一个人的尊重。纪伯伦说："你们一块儿出世，也要永远合一，不过你们在合一之中要有间隙，让天风在你们中间舞荡。彼此相爱，但不要做成爱的系链，只让它在你们灵魂的河岸中间做一个流动的海，彼此斟满了酒杯，却不要在同一酒杯中啜饮……"

恋人毕竟只是恋人，无论再怎么相爱，也是两个独立的个体。既然是两个独立的个体，又怎么可能会没有隐私？太多女人都不能正确理解其中的含义，经常会像竹筒倒豆子般将自己的隐私毫无保留地告诉对方。这就有点危险了。人人都有自己的过去，保留一份隐私，就是保留一份尊严。

懂尊重：即使不表扬，也不要贬低伴侣

结婚之后，很多女人感觉老公不疼自己，感觉老公不如别人的老公会哄人，感觉老公不如别人的老公有本事。老公能赚钱时，她们贬低老公不会疼人；老公疼人时，她们又贬低老公没本事。她们在遇到问题时都喜欢抱怨，不管是不是老公的错，都喜欢拿老公撒气。殊不知，当女人随意贬低自己的老公，还总是说得头头是道时，一般不会有幸福感。虽然很多女人心中都有委屈，但是这种武断的作风会影响她们成为好女人。

前两天同学李蜜来家玩，看见她是一个人，桃子问："你老公呢，他怎么没来？"

李蜜听了，立刻露出一脸嫌弃："别管他，在家玩游戏呢。整天就宅

第五章 爱情商数：天长地久的秘密

在家里，大门不出二门不迈，跟个废人似的。"

桃子在厨房忙活，朋友一边打下手，一边感慨："真羡慕你啊，有自己的房子，还把日子过得这么有声有色。"

"你们不也是吗？你们那房子可比我家装修得漂亮多了。"

"算了，别提了。他装修那房子，不知被别人坑了多少钱；花了大价钱，装出来也就那样。真不知道他脑袋是干什么用的。"

听见李蜜这么说，桃子都不知道该怎么接话，只得赶紧转移话题。再这么聊下去，只怕李蜜心里的怨气会越来越重，也会把她的老公越踩越低。

其实，像李蜜这样的例子在生活中不算少见。如果仔细观察，不难发现，往往不和谐的婚姻很大成分上都有双方相互贬低的因素。可是其实，贬低不但不能解决问题，反而还制造出了一个新问题。你骂一句"傻逼"，他回一句"蠢货"，一时倒是过了嘴瘾，但无形之中对自尊心已经造成了不可逆的伤害。不仅让彼此的心灵受到重创，还会让情感裂缝越来越大。轻者互不理睬冷战几天，重者直接分道扬镳。

还有一种贬低，不说话也不发怒，只需要在对方面前摆出一张不耐烦的嫌恶脸，不时地发出一声沉重的叹息，同样可以让对方遭受到一万点的伤害，这个简直是杀人于无形，毁人于绝望。

很多人总是将耐心与宽容留给陌生人，却把厌烦与刻薄留给自己最亲近的人。爱人之间不是更应该相互尊重与理解吗？于千万人之中选中彼此作为人生伴侣，是为了共同扶持相互温暖，而不是互相伤害。就好比你在商场千挑万选了一件衣服，买回家穿上身后却挑衣服的各种毛病，这样不是打自己脸吗？

相互贬低，是情侣或爱人之间最得不偿失的一种发泄不满的方式。非但没有让自己看起来高人一等，反而显得自己心胸狭隘、小肚鸡肠。其实，与其面露丑态地贬低对方，还不如两个人坐下来好好谈一谈。心平气和地去指正，让对方意识到问题所在，从而解决问题，避免争端，还赢得了对方的尊重。

曾在网络上看过一段话，大意是：婚姻中，经常受丈夫夸赞的女人会越来越漂亮；同理，经常被妻子夸奖的男人会越来越优秀。渐渐地，婚姻会越来越和谐幸福。所以，能用良言去解决的问题，就不要用恶语去伤人。

最美好的爱情的状态是，双方因为彼此成为更好的人。情侣之间，相互开玩笑，损对方或自黑，可能是一种相处模式。但是长期地贬低对方，实际上传递的是负能量，会让对方对自己产生怀疑，同时对你产生抗拒心理。真正的好女人好男人是不会犯这种错误的。他们懂得婚姻中的责任，也明白婚姻中的分工。

学独立：依附男人的女人得不到长久的爱

英国心理学家唐纳德·温尼科特曾言，最完美的相处关系是："窝在爱人的怀里孤独。"这句话听起来有些消极，但这里的"孤独"是一个中性词。在消极的人眼里，孤独是"寂寞"；在乐观的人眼中，孤独是"独立"。

这种"窝在爱人的怀里孤独"可以解释为：暂时的无话可说并不是爱情的"死亡信号"。静静地躺在彼此怀里沉默，拥有自己独立的思维活动，这种交流其实是相互信任的表现。

舒婷的《致橡树》中那几句关于爱情的比喻经久流传：
我如果爱你，绝不像攀援的凌霄花，借你的高枝炫耀自己；

我必须是你近旁的一株木棉，作为树的形象和你站在一起。

第五章　爱情商数：天长地久的秘密

爱情里的美好，是像两棵树般地独立共存。而不是过度依赖，失去自己独立的人格。

女孩和男友分手了。分手之后，女孩突然发现自己根本就没有朋友。两人在一起时，她的眼里只有他，她的整个世界都围着他转。可是突然分手了，女孩只剩下自己一个人。回想大学时，她每天都和男朋友在一起：两个人一起上课，一起吃饭，一起逛街，一起去图书馆，一起去旅行，总之，时时刻刻都要黏在一起，如胶似漆。

其实，她之前有很多朋友，但是自从恋爱后，这些朋友都变成透明人了。朋友们去聚餐，她不去；朋友们看电影，她不去；朋友们去爬山，她不去；朋友们去海边，她不去……她总是把男朋友放在第一位。时间久了，朋友们只好都识相地退下，再也不来打扰她。

很多恋人都喜欢用这样的理由去束缚对方：难道你的朋友比我还重要吗？或者是，难道我不比两页书好看吗？可是，为什么她和朋友聚会时，你不能去看一部自己很早以前就想看的电影？为什么他去图书馆刷书单时，你不能去上一次自己一直期待的绘画课？

一个人在恋爱里，总是容易过度地依赖一个人。渴望从对方身上寻找安全感，尤其是女孩，不仅不给对方自由的空间，连自己的空间也要用爱情塞满。最好的恋爱，绝不是时时刻刻做连体婴。因为凡是最登对的，必定各独立。

两个人在一起，感情越深，就越容易依赖对方。每个人在爱情中都有不同程度的依赖，它让我们拥有关系中的安全感。但如果我们把生活中的爱和幸福感全部寄托在对方身上，则容易造成失衡。因为对方给予你的爱，他也可以随时拿走。

相比生活习惯上的依赖，情感依赖才是最可怕的。情感依赖就好比酒精依赖，甚至都没意识到自己已经离不开对方，只是不知不觉地把对方看得比很多事情都重要。感情中的依赖者最可怕的结局就是失去自我。因为对方喜欢玩游戏，你就愿意牺牲自己原有的兴趣爱好陪着他，只为了讨他欢心；对方一个眼神，哪怕你已经有了自己的安排，也毫无怨念，主动放弃私人空间陪他去做你并不喜欢的事情；对方说不喜欢你和异性聊天，你连和异性同事说话都小心翼翼……

你以为爱情都是盲目的，为他改变自己，是通往甜蜜爱情的必由之路，但最后你却丢了真实的自己。其实，好的爱情并不是从对方的身上寻找安全感，而是应该让自己成长，让自己从一个人的孤单变成两个人的强大，拥有更多的快乐。和对方彼此拥有，却又不失去独立人格。

共成长：不能只顾自己，努力帮助爱人实现梦想

看过一期《爱情保卫战》：

女孩毕业后找到了一份对口的工作，虽然辛苦，却干得不错。女孩长得漂亮，有上进心，对自己的未来很有规划。而相反，男孩从不上进。女孩帮忙给他找了两次工作、四次兼职，男孩都没有坚持做下来。不是因为工作时间长，工作环境差，就是感觉没意思。最终，两人分手。

站在台上，听到最多的就是男孩诉说着女孩变心了。的确是女孩变了，刚开始谈恋爱时女孩还只是个女学生。在校园的环境中，女孩所关心的事情只是把学业搞好，其余的时间可以谈恋爱。毕业上班后，女孩的世界变大了，看到了许多人为了获得更好的生活努力着，坚持进步。而男孩还是原地不动，时间长了，两人的距离变得越来越大了，分手也就成了必然。

第五章 爱情商数：天长地久的秘密

其实他们都没变，对待爱情的向往和忠贞都没变，只是所处的环境变了，眼界和格局不一样了，对未来的规划和对自己的要求也变了。当然，对婚姻中伴侣的要求也变了。当初美好的爱情，若干年后变成悲痛的分手乃至离婚；曾经相恋相爱的两个人，若干年后变成了熟悉的陌生人甚至是仇人。

我们都习惯性地说是一方变了才会导致分手、离婚。结了婚的人都知道，想要爱情在漫长的婚姻生活里能时刻保鲜，想要彼此的魅力不减，就要在一地鸡毛的生活里保持沟通学习，不断改造，让自己成为更好的自己。

男生成绩一般、长相普通，悄悄喜欢上了班上总考第一名的漂亮女生。那时男孩很自卑，胆子很小，跟女孩对视一眼就会脸红心跳，只得埋下头把爱意深藏于心。

同学三年，谁也没看出男孩对女孩情根深种。直到男孩考上不错的大学，开始实施策划已久的追求计划，女孩才知道这个不起眼的男生在背地里下足了苦功夫。

原来男孩为了配得上女孩，高中时一直头悬梁、锥刺股，几乎每天都学习到深夜一两点。他资质平庸，原本也是得过且过，可一想到女孩，便充满了积极向上的动力。后来逐渐发现了学习的乐趣，在摸索出最适合自己的学习方法后一路开挂，进了一所"985"高校，学了最感兴趣的专业。

女孩最终接受了他，恋爱谈了五六年，之后结婚。

对男孩来说，人生所有的觉悟和成长都始于少年时的怦然心动。不急不躁，静待自身的强大与成熟，才是一段爱情开花结果的根本动力。因为健康良好的爱情，本就自带成长属性。所谓的对爱负责，就是你在爱的催发下不断完善和提升，逐日具备让对方和自己幸福的能力，包括经济上的、精神上的、心理上的。

有人喜欢策马赶路，有人喜欢林间漫步；有人想要战功赫赫，有人愿做闲云野鹤。不是谁对谁错，也没有谁比谁更优秀，而是两个人的节奏不一样，也就很难再一起走下去了。好的爱情不仅是当下彼此相爱，更是长期的同步成长。节奏一致，不需要谁等谁，谁迁就谁，谁步履蹒跚地想要赶上谁。

那个真正爱你的人，不会忍心强求你放弃现在的一切。为了他，去他所在的城市重新开始；不会强迫你放下喜欢的事业，找一份轻松安逸的工作，以便将来帮他带孩子；不会以爱之名限制你的成长，更不会阻挡你拥抱想要的未来。

有一句话这样说：好的爱情，是你通过一个人看到了整个世界；而坏的爱情，是你为了一个人舍弃了全世界。值得长久相爱的人，是那个不会阻碍你自由生长、更愿意与你一起成长的人。

两个相爱的人没有共同成长和进步，最终弱的那一方就会因为差距而彻底失去对方。没有共同语言的生活，只会是无尽的争吵与麻烦。你不懂他的志向，他不懂你的茶米油盐，最后只能选择分手。

善忘记：问题及时解决，爱人之间没有隔夜仇

对女人来说，得到一份美好的爱情，然后嫁给爱情，是一种相对比较理想的人生状态。但问题是，并不是所有人的这种期待都会美梦成真。当爱情中途出现问题时，有的人懂得及时止损，要么解决问题，要么放弃爱情；而有些人没有及时止损的意识，或者说想要及时止损，但是最后却成了将就，结果问题没解决，又不想放弃爱情，拖到最后只能被分手。

从前年开始，家里一打电话就催婚，搞得她最后都不敢接电话，不敢回家了。妈妈催婚的话说得很难听，说她年纪越来越大，一点不操心自己

第五章 爱情商数：天长地久的秘密

的婚姻大事。这也怪不得妈妈，毕竟女孩年龄真的是越来越大了，同龄人基本上都结婚了，有的都有孩子了。

家里让女孩回家相亲，她不想回去，不喜欢相亲结婚那种形式，还想自由恋爱，然后嫁给爱情。之后，朋友同事都开始给女孩介绍对象，但见了面总是不满意。最后，闺蜜的公司里来了个新同事，觉得跟女孩很般配，就介绍两人认识。

当时女孩觉得男孩比较内向，不善于主动表达。想到既然要恋爱，总得有个人主动一点，既然他不主动，那我就主动好了。女孩把男孩约出来吃饭，向他表白。男孩没有表现出任何兴奋的样子，一副不苟言笑的状态，冷冷地答应。恋爱之后，男孩依然很被动，女孩依然扮演着主动的角色。他会配合，但不会主动，女孩感觉很不爽，决定好好调教他一番，要他改改被动的毛病。他答应了。

刚开始时，男孩确实很配合，可是，他并没有配合多久就厌烦了。女孩对他的调教非但没有起到任何效果，反而让他心生反感，他毫不掩饰地发火。女孩被他吓住了，心想这人怎么这样？女孩每次都被他搞得又害怕又委屈，想过分手，但又不敢分手。因为好不容易谈了一场恋爱，想要以此为基础结婚，怕失去了之后会再也遇不到爱情。而且，女孩年龄越来越大，也该结婚了，不能因为一时冲动而分手。于是，女孩安慰自己：可能时间久了，他就会慢慢变好了。

事实证明，这一切都是女孩的一厢情愿，男孩根本没有变好。他不知道反思，总把问题转嫁到女孩身上。最后，男孩反而向女孩提出分手，态度很坚决。

有些时候，虽然看起来是小问题，但由于有意忽略，选择逃避，或者抱着以为隔一夜就会好了的想法，就可能导致大问题的爆发，继而成为分手的导火线。因此，出现了小问题就要及时发觉，积极解决，要有防患于未然的心态。

谈恋爱不容易，要维持住一段感情更不容易。一旦忽略那些很重要的问题，只能让感情出现无法修复的裂痕，无法挽回。所以，当爱情出现以下几个问题时，一定要及时补救。

1. 哪些问题需要及时补救

（1）能交流的话题越来越少。维持两个人感情关系最重要的就是有源源不断的话题可聊，一旦变得无话可聊，感情再好的情侣都会慢慢觉得尴尬，或者无趣。所以，当一段爱情里面出现这个问题时，一定要及时补救。补救的方法比较容易，就是了解对方的爱好或者感兴趣的事情，然后以此为话题展开来聊。

（2）彼此的信任出现问题。情侣之间的信任是很重要的，这关系着安全感之类的问题，当一个人发现爱人对自己撒了谎，就会对此耿耿于怀。所以不能撒谎，如果是迫不得已撒了谎，要及时道歉，而不是等对方追究起来时才去道歉认错，这常常会引发一场争吵。

（3）对彼此的关心开始缺乏。情侣之间可能会因为自认为很了解对方，所以当对方遇到什么困难时，就会很清楚对方可以自己解决，然后就完全交给对方解决，不关心也不过问，这种情形久了会让对方产生一种"我要你有什么用"的想法。因此，一定不要让这种问题出现，要坚持对爱人时刻保持关心。

（4）少了包容和理解。相处久的情侣很容易产生"你是我的人，所以你要听我的"这种霸道想法，所以对于对方的某些自己不感兴趣的爱好之类的，会进行强制干预，不让对方再保持这种在自己看来很无聊的爱好。有一方如果再强势一点，甚至会对另一个人的一言一行也进行强制干预，不允许对方说自己不爱听的话，做自己不喜欢的事。但是，强势并不会让你们的感情走得很远，所以一定要给对方足够的包容和理解。

2. 面对问题，不能纵容

纵容是指对错误行为不加制止、任其发展。对于爱情，很多人会把纵容误解成包容，其实在爱情中，包容绝不是纵容，两者的意思差距是很大的。

第五章 爱情商数：天长地久的秘密

爱情里不要纵容对方的以下行为。

（1）不要纵容对方的欺骗。两个人无论做什么都要提前说好不能欺骗对方，哪怕是善意的谎言也不行。一旦欺骗开始，以后就会有无数次的欺骗，哪怕是善意的谎言，也是错误的。第一个谎言开始出现时，就代表着你们相互信任的基础已经开始崩塌。

（2）不要纵容对方的暴力倾向。无论是情感中，还是家庭中，还是在社会中，都不允许暴力出现。暴力是解决不了任何问题的，只能是以暴制暴，让问题变得更加复杂化。当男人开始对你有暴力倾向时，代表他并不多么爱你，尤其还会伤害到你的身体和心灵。一次的原谅，一次的屈服，只会得到更多的伤害。

（3）不要纵容对方的冷淡。你们在一起是需要有热情，有激情的，因为彼此都很爱对方，在对方面前完全可以像个小孩子一样，不用顾虑那么多。如果恋爱中，对方总是对你很冷淡，对你做的事情无动于衷，那就不要再纵容了。

（4）不要纵容对方的不尊重。他不尊重你的个人空间，不尊重你的隐私，超越了你的底线，你却没有一点意见，这就是纵容。纵容一个人不是爱，而是将爱情毁掉，所以爱情里千万不要纵容自己的另一半。

【爱商小测试】

在爱情里，你是只知付出还是只等收获呢？

1. 关于美食，你只喜欢品尝，不喜欢烹饪吗？（　　）

　A. 喜欢烹饪…………转2题

　B. 偶尔烹饪…………转3题

　C. 不会烹饪…………转4题

2. 你理想中的爱人是什么样子？（　　）

　A. 我喜欢大叔…………转5题

　B. 我中意姐弟恋…………转3题

C. 年龄差距不大最好…………转 4 题

3. 酸甜苦辣麻，你喜欢哪种口味？（　）

A. 火辣辣…………转 6 题

B. 甜蜜蜜…………转 5 题

C. 酸涩涩…………转 4 题

4. 在你的恋爱史中，最长的时间是多久？（　）

A. 一年…………转 7 题

B. 三年…………转 6 题

C. 五年…………转 5 题

5. 你的失恋期会有多久呢？（　）

A. 很长一段时间…………转 7 题

B. 几个月…………转 6 题

C. 看情况…………转 8 题

6. 你对感情苛刻吗？（　）

A. 是的…………转 7 题

B. 还好…………转 8 题

C. 不是…………A

7. 在感情里，你最看重的是物质吗？（　）

A. 是的…………C

B. 不是…………9

C. 一般…………8

8. 你想要只羡鸳鸯不羡仙的爱情吗？（　）

A. 是的…………10

B. 不会…………D

C. 还好…………9

9. 你对自己的吸引力很自信吗？（　）

A. 是…………C

B. 不是…………A

C. 还好…………转 10 题

10. 你觉得最适度的恋爱时间是多久？（ ）

A. 一年…………B

B. 至少三年…………D

C. 看感情…………A

评测结果：

A. 一味付出。你身边不乏追求者，却一心只爱一人，即使对方利用了你的感情，你也会对爱情执着。不求得到，只懂付出，最后满身伤痕。

B. 珍惜型付出。你对感情不是忘我地痴狂，而是会看重自己的感受，但你是一个很懂得珍惜的人。只要对方付出一颗真心，你就会付出很多去回报。你深信且行且珍惜，到最后就能得到最美的爱情。

C. 得到多少付出多少。你是个走到哪里红到哪里的人，性格直爽可爱，人见人爱。你情商很高，善于经营感情，也会很好地把握两人之间的距离。在付出方面你能把握好度，你觉得最适度的相处之道就是 AA 制。

D. 保守沉稳的付出。你是一个沉稳内敛的人，对待感情小心翼翼，不会轻易付出，对待别人的付出也游刃有余。和恋人相处时你很理智，另一半会觉得你小气。任何一点付出，你都会斤斤计较，缺少了爱的甜腻。

第六章 家庭爱商：用爱筑造幸福的家庭

爱是感恩，更是馈赠。马可·吐温说，生命如此短暂，我们没有时间去互相争吵、道歉、发泄、责备，时间只够用来去爱。用爱筑造幸福的家庭，给孩子温暖和幸福；用爱滋润冷漠的心，给爱人陪伴和鼓舞；用爱抚慰孤独的灵魂，给每一位陌生人善意和祝福。

爱商——爱的感受、智慧与能力

定好位：家庭角色分工与权利分配

起早贪黑地上班，分秒必争地拼事业，马不停蹄地奔波，成了现代都市对活人的真实写照。由于太忙碌，我们能够自由支配的时间越来越少，生活变得紧张而有失弹性，慌乱而无序。周国平说："家太平凡了，再温馨的家也充满琐碎的重复，所以家庭生活是难以入诗的。"所有的家庭都会面临同一个问题，那就是繁杂和琐碎。

凡茜是个性格极其火爆的姑娘，婚后生活却异常幸福。

朋友去凡茜的家里给她过三十岁生日，到家时，凡茜的老公还没有下班。朋友第一次去她的新家，所以好好地参观了一番。家里到处都整理得妥妥帖帖、擦洗得干干净净，几乎没有死角。"你们是怎么做到的？"朋友问。

凡茜笑着说："有一次我们大吵了一架，我气得把电视机屏幕都砸烂了，其实吵架的原因特可笑。当时沙发上堆了一堆的衣服和杂物，柜子里一团糟，我们找不到一件衬衫，莫名其妙就吵起来了。冷静下来之后，我们决定把家里的活儿分配开，给每人分配任务，各自完成各自的。结果没想到效果出乎意料的好，那之后家里越来越干净，吵架的次数也少了很多。"

朋友问她："你们是怎么分配活儿的，能有这样奇妙的效果？"

凡茜说："一开始分得也不怎么细，一岁的小女儿我在家带着，他负责接送儿子上下学。厨房我负责，做饭洗碗是我的活儿。洗手间他负责，

第六章 家庭爱商：用爱筑造幸福的家庭

洗衣服、刷马桶、擦浴室是他的活儿。这样一来，可能是突然冒出来什么责任感了吧，我和他对自己掌管的区域和事物都挺上心，厨房和洗手间就变成了家里最干净的地方。儿子凑热闹，后来要走了门口玄关的负责权，结果玄关那儿的杂物再没乱过，鞋子什么的也一直摆放得很整齐。"

不得不说，这真是一个解决问题的好方法。原本庞大的家务事项，被分割之后，骤降了心理压力，做起活来也变得轻松惬意。不仅赏心悦目，还很容易有成就感。分工能减少纷争，你的你做，我的我做，各司其职，皆大欢喜。这样一来，既减少了不必要的情感消耗，同时也增加了家庭成员的参与感和责任心。

生活中，我们常常会为了谁洗碗、谁接送孩子上下学这样的琐事而争吵。有时候，你甚至不清楚到底是怎么吵起来的，又为什么要为这么芝麻大点儿的事情争吵。

工作一天很累了，回家一看一团糟，水池里的碗筷还没洗，不想做晚饭，结果只能点外卖来解决果腹问题。

家里到处散落着杂物、脏地板、蒙尘的窗台和桌面，看着就让人心烦意乱。

请小时工打扫，做的也只是表面的清理，实属"治标不治本"的无奈之举。

遇到了这样的问题，相信你一定会好奇，那些过得不急不躁、家里看起来赏心悦目、生活和谐美满的人，到底有什么秘诀？难道是某一方特别宠爱另一方，所以包揽了所有烦琐的家务，承担了所有的生活琐碎，并且十年如一日地坚持吗？当然不是，这样的圣人也许有，但绝对不多。

社会分工越来越细致，责任划分得越来越具体，可是家庭分工却常常被忽略。谁都能洗的碗，谁都不想洗；谁都能擦的桌子，谁都不想擦。责任划分不到位，懒惰的情绪、逃避的心理就会占据心头，久而久之就会从互相推诿变成互相埋怨，变成你不爱我、我不心疼你。变味的争吵，变味的感情，不和谐的音符越来越多，家庭生活的不幸也就越积越多。

有爱的家庭，就应该夫妻一起分担家务。共同做家务很温馨愉快，彼此珍惜和尊重对方的劳动和付出，家庭才会更幸福和美满。婚姻需要两个相爱的人共同经营，相互理解、相互尊重，懂得心疼对方，才能幸福长久。

找根源：原生家庭对婚姻的影响

一个人的婚姻幸不幸福，跟原生家庭有着密切关系。先讲个故事。

恋雨跟老公结婚时，爸妈不同意，因为老公家里还有一个哥哥和一个姐姐。哥哥结婚时，公婆把钱都用来给哥哥买房子娶媳妇了，轮到恋雨结婚时，公婆却不拿一分钱，不但彩礼没有，房子也不会帮他们买。

恋雨觉得反正自己只是嫁给老公又不是嫁给婆婆，婚后也不会跟公婆一起生活，礼金也就不重要了，房子可以两个人凑钱买，只要两个人真心相爱就好。事实证明，恋雨的想法太过幼稚。虽说她是只嫁给了她老公，可是谁又能逃脱原生家庭的影响呢？

结婚后婆婆没少干预他们的生活，甚至还想掌管两口子的财政大权。婆婆要求恋雨每个月不仅要打一部分生活费给公婆，还得出一些钱给哥哥还房贷；另外，恋雨还要留个房间给大姑子住，因为大姑子跟他们在一个城市打工。对于婆婆的这种要求，恋雨不答应。每个月给公婆打生活费可以，毕竟孝顺父母是应该的。但是，房子是夫妻两个人凑钱买的，恋雨的父母还出了大头，凭什么要让大姑子白住？两个人要还房贷，压力很大，为什么要出钱给哥嫂还房贷？

此时恋雨才明白,她哪里是嫁给老公一个人,老公的身后还有一个蛮横无理的婆婆,还有哥嫂和大姑子。即使结了婚,可又有谁能完全摆脱原生家庭的影响呢?她真的很后悔当初自己不顾一切、没听妈妈的话跟老公结了婚。

结婚之前不要只想着爱,还要看看对方的家庭,因为结婚后,你们不可避免地要跟双方父母和家人打交道。

很多夫妻结婚后跟公婆住在一起。如果遇到一个蛮横无理的婆婆,老公会夹在媳妇和婆婆之间左右为难,又要做孝子,又要做好老公,不仅要抚慰媳妇的情绪,也要照顾婆婆的感受。这样,夫妻关系就会受到严重影响。媳妇难免会因为婆婆的无理要求受委屈,如果老公处理不好,媳妇将会对老公很失望,使得婚姻质量大打折扣。

可很少有人明白,原生家庭对一个人婚姻观的影响竟然这么大。

1. 影响对婚姻的信任感

有位网友曾这样解释自己不相信婚姻的原因:"我爸妈吵了二十多年,每次吵架都摔东西,现在我家的餐具都是不锈钢的。那时我就想,以后一定不要结婚,一定不要过这样的日子。"

在不和谐家庭环境长大的孩子,不知道什么是好的婚姻,他们不善于与异性相处。甚至要碰壁很多年,才能知道哪条路是对的。可是,那些出生于关系和谐融洽的原生家庭的人是不一样的。

2. 影响夫妻的相处模式

千万不要小瞧原生家庭对一个人潜移默化的影响。人都是看到什么,就会习惯什么;习惯什么,就会体现什么。去看看那些父亲对母亲呼来喝去、说话粗鲁的家庭里,儿子是如何理解婚姻的;再去看看那些父亲对母亲体贴入微、说话柔和的家庭里,儿子又是如何理解婚姻的。爱情是两个人的事情不假,可婚姻一定是两个家庭的事情。和一人结婚,不仅要看他怎么说、怎么做,更要走进他的原生家庭,看看他父母平时的相处模式。

3. 影响下一代的原生家庭

原生家庭之所以重要，不仅在于它会影响一个人的人生，还会影响两代人的人生。换句话说，自己的婚姻是父母婚姻的映射，自己的孩子就是自己的映射。

擅沟通：幸福的家庭从好好说话开始

人与人之间最可贵的是存在感情，所以在相爱的家人间不妨谈出自己的感受。例如，我舒服不舒服、我讨厌或高兴，要能说得出来，这样才能产生沟通，才能使家庭之花开得长久和美丽。

周末休息在家，女人想带孩子出去吃早点，男人答应一起去。一阵收拾后，三人一起出了门。

女人："今天咱们吃什么啊？"

男人："咱们吃包子，行吗？"

女人："就知道吃包子，你不能换个花样吗？油条、发面饼，不是也挺好吃。"

男人："那你说吃什么，每次都让我说，说了你还不同意。"

女人："你是我老公，是孩子的爸爸，连我爱吃什么都不知道，连孩子爱吃什么都不知道，要你有什么用？"

男人："那你知道我爱吃什么吗？凭什么每次都跟着你的口味走？"

读了上面这段对话，你是不是也看到了自己的影子？家人之间连最简单的吃饭这样的事，都很难达成共识。每句话后面都是满满的疑问、指责和批判，负能量太强，以致伤害了亲人而不自知。

家人之间都存了一颗互相不耐烦的心，任何小细节都能变成大伤害。家庭是我们一生中最重要的地方，也是最容易被我们忽视的地方：越陌生，越礼貌客气；越亲密，越口无遮拦。因为知道对方永远不会怪我们，我们反而将言语的锥子刺向最亲的人，这样只能让对方的感情和爱渐渐跟你疏离。

向亲人发脾气，是最愚蠢和懦弱的行为。其实，只要换一种说话方式，两个人的心情就会截然不同。两个人的沟通70%是情绪，30%是内容。情绪不对，语气不对，内容就会被扭曲。

从本质上来说，沟通就是双方交流各自的想法和感受，然后达成共识。但要想达到这点，需要彼此在情绪上足够克制，心态上足够平衡，并把注意力都集中在对问题的解决上。

在家庭生活中，长时间相处，不可避免地会让家人感受到不满或委屈。因此，遇到问题的时候，为了让对方真正了解自己的感受，有些人总会本能地表达自己，用情绪化的语言刺激对方。但在这种情况下，很少有人能安静地倾听对方的想法和感受。此时，如果再采用不当的沟通方式或语言，只能让说话变得越来越困难。因此，要想实现理想的沟通效果，要想让家庭少些纷争，就要学会好好说话。

1. 选择合适的沟通方式

沟通方式有很多种，有口头语言、书面语言、肢体语言、图片等，但并不是每一款都适合你。比如，爱人问你晚上想吃什么，你说随便，结果爱人就真的"随便"了一盘，你一脸不高兴，一整晚都是一张扑克脸，这怨谁？

沟通时，一定记得选择一款合适的沟通方式。选择哪一种沟通方式因人因时因境而定。比如，对待直男，你直截了当地说自己想吃什么就对了，这种简单明了的方式才是适合你们的沟通方式，而不是整天玩猜猜猜游戏，最终落得自己一身伤。

2. 选择愉快的沟通方式

作为夫妻，不仅仅是简单地实现沟通，还必须选择一种愉快的方式去沟通。这样的沟通才是一次完美的、成功的沟通。比如，"亲爱的，下次你可不可以×××"；"老公，你真棒，这次×××"。差的沟通会进一步激化矛盾，最终的结果一定会伤害夫妻感情。比如，"我早说过了"；"你是个猪"；"你早该听我的，现在就不会×××"。指责和抱怨，只会进一步激化矛盾，出现糟糕状况。

3. 及时巩固沟通的成果

及时地巩固沟通的成果，两人的关系只会越来越好。在不知不觉中，爱人慢慢就变成了你喜欢的模样，这就是沟通的魅力所在。

每个周末老王都会到菜市场买菜，一般没一个小时回不来。某日，老王花了不到一小时就回来了。

老婆问："老公，今天你买菜怎么这么快呢？"

"哦，我今天在去的路上就提前把要买的菜想好了，到了菜场直接买。"

"不错。"

作为当事人，自己可能不觉得今天买菜和平时有什么不一样，但是老婆的赞赏会让老公立刻意识到："对了，这样可以节省不少买菜时间，下次，我还要这么做！"

会包容：半睁半闭，家庭才有望携手白头

记得有人说过，恋爱时要睁大双眼，将对方看个清楚，做到婚前清醒、认真。而婚后就要睁一只眼，闭一只眼，就是婚后糊涂、马虎，对配偶的错误行为要留一半清醒，留一半糊涂。

第六章 家庭爱商：用爱筑造幸福的家庭

妻子很漂亮，很能干，性格开朗活泼。丈夫为此总是不放心她，总是盘问她，甚至跟踪她，查看她的手机信息。时间长了，夫妻爆发战争的次数就多了起来，最终以妻子的离去而结束了婚姻。

为了散心，男人去旅游。他来到大海边，张开双手捧起沙子，当他使劲将双手合起来时，沙子就从指缝中流出来，变得越来越少。他从中悟出了一个道理：婚姻，就像手里的沙子，握得越紧，流出的就越多，到最后就所剩无几。从前是他把妻子看得太紧了，不给对方喘息的机会，对方受不了了，只得离开，寻找自己的自由。

婚姻要懂得宽容和知足，更要懂得珍惜和满足。风雨同舟许多年，日子要淡情要浓，夫妻间要相濡以沫，相依为命。

在婚姻之中，难免会出现精神的出轨、身体的背叛、第三者的插足。假如婚姻真的走到了尽头，无法再继续下去，不要悲伤，也许放手是一种最好的选择。早点放手，给对方以自由和宽容，给自己以解脱和选择。如果不想对婚姻放手，就糊涂一点。只要对方没有原则上的错误，没有打破婚姻的平衡，就放松心情。

人无完人。婚姻中，要睁开一只眼欣赏对方的优点，闭上另一只眼包容对方的缺点。因为有爱，就要学会包容。不能改变别人，那就改变自己；不能改变生活，那就改变心情。要用自己的真情感动对方，因为婚姻中更多的是责任和义务。

婚姻是选择，是生存的需要，也是一种社会的责任。婚姻既需要双方的忍耐、包容和谦让，更需要双方的奉献、付出和牺牲。甜言蜜语、山盟海誓固然重要，但真正的夫妻之爱，是对彼此付出的真实行动，是耳鬓厮磨的相依相伴，是对彼此的包容和认同，是对彼此的关爱和呵护。

需排解：释放累积压抑的婚姻负面情绪

生活中遇到不痛快的事情并不罕见，但是如果把这些不痛快火力全开地发泄在身边的人身上，不仅对于别人而言是不公平的，自己的生活也会被搅得天翻地覆。负面情绪就好像是血管中的垃圾，时间久了不去清理就会堵塞血管。长此下去，爱情的血液就无法再继续流动，婚姻组织就会坏死。

深夜两点，听着楼上乒乒乓乓一阵夫妻的吵架声，李梅觉得心中十分烦闷，原本炎热的夏天更加燥热难熬。

楼上的这对夫妇搬来之后就一直吵架，似乎从来都不知疲倦，几乎没有消停过。但是非常奇怪的是，他们俩平时看起来都是非常和气的人。为什么两个人在一起却有这么大的火气？为了使自己免于忍受这种深夜的噪声困扰，李梅决定到楼上去拜访一下这对夫妇，看看他们平时的生活方式究竟是怎么样的。

周日，李梅趁着自己休息，提上刚买的水果来到楼上。敲开门时，迎接她的是那家的女主人。对方显得有些惊讶，她的脸色苍白，显得有些血气不足。看外表，女主人并不是那种嚣张跋扈的女人，她的丈夫戴着个金丝边框眼镜，看起来也还算儒雅。

李梅惊讶于这两个看起来都算面善的人，不明白他们为什么会经常争吵。不久之后，李梅便与他们熟识了起来，开始跟他们拉家常，也经常到他们家去做客，了解了一些他们家的情况。

第六章 家庭爱商：用爱筑造幸福的家庭

女主人名叫李青，她和丈夫都是公司管理层的人，平时压力很大。两个人在公司都属于和气的人，但是要忍受来自各方面的负能量，白天习惯了逆来顺受，深夜时，积累已久的情绪就像炸药包一样，一点就炸。

李青给李梅举了个他们夫妻间相处的例子，让李梅觉得十分诧异。明明是很小的一件事情，他们却为此大吵了一架，这正是李梅拜访他们前一天时发生的事情。那一天，丈夫在公司中受到了女上司的责骂，回到家，闷闷不乐地坐在沙发上不说话，没胃口吃饭。李青做好饭之后，喊他吃饭，他也不答应，只顾着坐在沙发上玩手机。

李青非常恼火，想到他们平时经常吵架，也就强行压抑住了怒火。但是到了晚上，丈夫依然是闷着脑袋不说一句话，脸上也是面若冰霜，像别人欠了他钱一样。李青看到丈夫的种种作为，觉得丈夫这是在针对她，于是破口大骂，原本一个宁静的夜晚就这样被打破了。

在冲突爆发之前，应该采取各种消火措施，而不是火上浇油。李青和丈夫本来可以通过互诉衷肠解决两人的苦恼，但是丈夫选择默不作声，李青又没有引导丈夫说出白天的压抑，反而是将自己压抑着的一腔怒火爆发出来。

所谓家和万事兴，婚姻本来就是一个互相忍受和磨合的过程。我们没有办法改变白天所遇到的艰难困境，却可以调节自己的心态，而不必要因为白天经历的一些疙瘩而纠结。每个人都会有负面情绪，关键是当负面情绪出现时我们怎样去看待、接受和面对。

1. 觉察负面情绪为内心的讯息

情绪是内心给你发来的讯号，提醒你外在的世界跟你内心期望的有点不一样，要用正面的方式去解释情绪，其实它是来提醒你：是时候要改变自己了。如果任由思绪胡乱打转，越是想就越恐惧，简直就是一个恶性循环，此时你可以做的是：写下来。

不管有没有什么意义，想到什么便写什么，可以列一个标题，例如，我为什么会害怕这件事情发生？或录下自己说出来的话。即使不对此加以分析，单纯让自己的恐惧有一个发泄口也是一个很不错的选择。

2. 不要控制，让负面情绪自然流走

有些事情，你越是觉得害怕它越来，你越想忘记越不能。当你对负面情绪少了一份觉察，不要加给负面情绪这么多的重量时，它就会静悄悄过去。

我们都不可能控制负面情绪的来袭，它的出现可能是因为一些事情发生了而引起的，或是突然的回忆引起的，但减少关注，就能慢慢把受影响的日子缩短。过去，可能你会因为一件事而不开心一个星期。但现在，只需要一晚的时间你就可以将事情消化，相信醒来又是新的一天。

知和谐：良好的家庭关系是给孩子最好的礼物

真正好的婚姻，夫妻之间要常怀感恩之心、宽容之心，懂得欣赏彼此的好，懂得体谅彼此的不容易；不把对错分得太清楚，不把是非追究到底，小错误睁一只眼闭一只眼，懂得把最好的情绪留给对方，生活过得和谐美好。

在婚姻中，夫妻之间是平等的关系，是契约关系，也是合作关系。夫妻关系是一个家庭的灵魂所在，夫妻关系好，家庭关系就会牢靠，孩子会茁壮成长，父母也能够安享晚年。在婚姻中，只有把夫妻关系放在第一位，夫妻和谐相处，两个人以家为中心，同心合力，这个家才能焕发出最大的活力和生机。

小说《围城》是这样描述婚姻的：婚姻是一座围城，城外的人想进去，城里的人想出来。可不管是在城里还是城外，我们都渴望有幸福美满的婚姻生活，都希望拥有一个疼爱自己的伴侣和乖巧伶俐的孩子。可现实却是，一部分人即使穷尽一生去努力维系自己的婚姻，却依旧把它经营得一团糟。那么，到底怎样做才能让婚姻变得更和谐呢？

1. 尊重伴侣的隐私

恋爱多是两个人感性的交汇，但婚姻不能全是感性，它更需要理性的经营。普遍来说，婚后的女人会变得更敏感。有些女人甚至会整天地疑神疑鬼，只要丈夫不在自己身边就会猜忌他是不是在外面乱搞。她们会为了所谓的"安全感"，随时随地质问对方："你在哪里？""你在干什么？""你和谁在一起？"然后，在完全不尊重对方隐私的情况下，偷偷查看对方手机里的各种聊天记录，翻衣服口袋里有没有什么可疑的东西，稍微听到点风声就大吵大闹，撒泼打滚。这样的婚姻，还谈什么和谐呢？

婚姻是一场感性和理性的融合。如果只有猜忌和捆绑，缺失信任与尊重，对于彼此来说，这样的婚姻不过是一场"牢狱之苦"。即使在婚姻中也要明白，对方先是一个"人"，然后才是你的"伴侣"，他不是你的私人物品。试着给予彼此一定的空间，给予对方足够的尊重和信任，如此才能建立和谐婚姻的基础。

2. 善待对方的父母是和谐婚姻的保证

中国式婚姻不仅仅是两个人的结合，更是两个家庭的结合。想要婚姻和谐，那就从善待对方的父母开始。每个人都是父母含辛茹苦拉扯大的，个中艰辛自然相通，而婚姻带给你的不只是一个没有血缘的伴侣，还会给你一对没有血缘的父母。不管婚后你们和彼此的父母有没有住在一起，都应该善待他们。因为有他们的付出，你才能和心爱的他相识。

婚姻让他们成了你的家人，善待他们不仅仅是出于责任，更能让你和伴侣的婚姻生活变得更加幸福融洽，建立更深厚的责任感。所以，逢年过节多去陪陪对方的父母，可以送一些适当的小礼物给他们，这样你的另一半也会开心，这段婚姻自然会更幸福。

3. 即使结婚了也要提升自我价值

很多男人觉得既然两人已经结婚了，两人熟得不能再熟了，就可以不修边幅。只要不上班，就是背心短裤人字拖，下班回来就是沙发电视玩手机。人都是视觉动物,虽说婚姻是两个人最终的赤诚相见,但不是让你不修边幅到破罐子破摔,完全不注重自我形象。

与之相对地,很多女人认为婚姻就是自己生命的全部,她们"闭关锁国"几乎失去了自我,注意力都放在丈夫孩子身上。每天三点一线地买菜做饭洗衣服,稍有空闲就是窝在家里看肥皂剧,或者唠叨孩子的成绩,或者打探丈夫在外面的行踪,注意力完全集中在这些事情上。久而久之,孩子嫌烦,丈夫嫌烦,矛盾叠加到一定程度就免不了吵架,这样的婚姻又哪来的幸福感呢?其实,人生有趣的事情还有很多,比如,弹弹吉他看看书,练练瑜伽跑跑步,听听音乐种点花草,都能让自己身心舒畅。如此忙着提升自我,哪还有时间去揪着婚姻里的鸡毛蒜皮不放?

婚姻原本不易,应该让彼此都变得更加完美,所以,想让婚姻幸福和谐,从来不是一方的努力就可以实现的。

长陪伴:相守一生才是最温暖的承诺

每个人的婚姻都是自己的故事,过得好不好只有自己才知道。很多人人羡慕的婚姻却早已名存实亡,更多的是夫妻双方达成某种共识而生活在一起。这种婚姻更像是室友的相处,一起吃饭睡觉,没有任何精神上的交流。生活没有惊喜,没有争吵,就好像搭伙过日子,看似温馨的一家,实际上却出现了巨大的危机。

男人和老婆结婚5年了。两个人的婚姻长期缺乏沟通,男人日夜颠倒地上班,注定了两个人在一起交流的时间不会很多,后来生了孩子,两个人更多的是围绕着孩子过日子,渐渐地失去了夫妻情趣,这样波澜不惊的

第六章 家庭爱商：用爱筑造幸福的家庭

日子持续了许久。在外人眼中，他们就是一对不会争吵的模范夫妻。

后来，两个人为了一些鸡毛蒜皮的小事大吵了一架。他们谁都不愿意搭理谁，谁都不愿意主动做出让步，但是为了孩子，却依旧做出一副什么事情都没有发生的样子。白天老婆上班带娃，男人在房里睡觉；晚上老婆下班回家做饭，男人吃完匆匆赶去上班，两个人的交流就停留在了晚餐这个时间点。结婚纪念日、双方的生日，他们都选择性地忽略，要不是为了这个孩子，他们根本不会继续生活在一起。

这样的婚姻真的幸福吗？两个人在一起，就是为了吃饭、生存，为了给孩子一个完整的家，完全放弃了彼此。生活变得枯燥、乏味，没有起码的相互关心和交流，这样对自己和对方都公平吗？我更崇尚的是，那种垂垂老矣，还能牵着彼此的手、幸福相伴一生的婚姻生活。

楼上的李大爷和老伴相处到现在快有50年了，两个人都从风华正茂的年轻人变成了佝偻的老人。虽然没有子女，但是他们一直相敬如宾，不离不弃。

年轻时，李大爷和老伴经常吵架闹离婚，但是一次都没有离成。闹得最凶的一次，老伴拿出户口本，李大爷瞬间就认怂了。那个时候没有人看好他们。他们门不当户不对，李大爷文化低，时常满口的脏话，而柳奶奶是个"地主家的女儿"，上过几年学，算得上是知书达理。柳奶奶经常跟我抱怨，和李大爷说话经常是对牛弹琴，但不知不觉，他们居然快"弹"了50年了。

两个人生活在一起，假如这个人懂得关心你，那么生活上的拌嘴也变成了一种生活情趣。假如在关键时对方总是能主动向你认输，那这就是能够相伴一生的爱情。也许这辈子有很多事情没能够完成，或许理想得不到实现，但是有个人一直在身边不离不弃也是件很幸福的事情。心甘情愿陪你笑、陪你哭的那个人，才叫相濡以沫。余生很长，请善待身边那个对你好的人。

有人说，婚姻是爱情的坟墓，但是来来回回，看到的还是美美的爱情。没有无缘无故的爱，同样也没有无缘无故的恨。两个人从相知到相爱再到相守，靠的是什么？

1. 原则问题不可以撒谎

相爱的两个人，彼此撒谎是一种很不好的习惯，也是对彼此感情的不尊重。可是在婚姻中，总有那么一些人喜欢用爱的名义来玷污婚姻，理直气壮地欺骗自己的爱人，不明白婚姻是需要彼此理解，坦诚相待的。

两个人既然选择在一起，就要信任对方，包容对方，不要拿着鸡毛当令箭，随意挥霍对方的感情与宽容。彼此之间要做到坦诚以待，如果连对爱人都不能做到真心相待，当你犯了原则性的错误，爱人绝对是零容忍的。

2. 可以吵架，但不要冷战

冷暴力是离婚的高发因素之一，是最伤害彼此感情的元凶。夫妻吵架在气头上时谁都不服谁，谁都不服输，谁都不妥协。同在一个屋檐下，却假装对方是隐形人，不交流，不理会，处处冷眼以对。相互之间没有忍让和包容，没有理解与退让。这样的婚姻又如何会幸福？

婚姻中有摩擦、有矛盾是无法避免的，适当的争吵能暴露出婚姻中隐藏的问题，有助于及时处理。只有及时沟通，才能避免矛盾升级。夫妻双方必须有一个人可以理智地看待婚姻情感所出现的问题。要想幸福地过一辈子，就不能为了一时的气愤而毁掉了自己的幸福生活。理智的一方要先认错，再通过沟通，及时地解决彼此之间的矛盾。只有这样，夫妻二人才能和睦相处，共同经营好婚姻。

3. 不要拿爱人和别人比较

很多人喜欢拿自己的爱人和别人比，拿爱人的短处与别人的长处比，最后得出的结论就是，自己的爱人什么都不如别人。其实，比较没有任何好处，只会伤害彼此的感情。虽然每个人内心里都希望自己的爱人是最优秀的，最美的，最有能力的，最温柔贤惠的，但现实与梦想是有差距的。

既然向往美好，就少与别人比较，发现彼此的不足，要多包容多理解多支持。用自己的爱让对方变成自己想要的模样，婚姻才能源远流长。彼此相爱的两个人，携手步入婚姻的殿堂时，心里早就应该清楚：虽然他（她）不一定是世界上最好的那个人，但是，却一定是你最爱的。在你心里他（她）就是最棒的，是任何人都无法取代的。

【爱商小测试】

下面图中的三个家庭，你觉得哪个家庭最和谐？

（第一个家庭）　　　　　（第二个家庭）　　　　　（第三个家庭）

A. 第一个家庭。你最想要得到的是：陪伴。你对一个人的生活已经厌倦，需要找一个人陪你。无论是友情还是爱情，你都很需要。虽然你表面看起来很开朗很热情，但内心是孤独的，最可怕的是，无人能懂你的孤独。

B. 第二个家庭。你现在最想要的是：改变，你并不喜欢现在的生活状态，感到厌倦，迫切希望未来能发生改变。你喜欢每天过不一样的生活，循规蹈矩让你觉得无聊。

C. 第三个家庭。你现在最想要的是：放松，你的生活中压力比较大，感到心力交瘁，疲于应付。而且，周围的人对你抱有很高的期望，你害怕让他们失望，你一直在坚持。可能不久的将来，你就要垮了。所以，你需要快快离开这个地方，离开这个环境，找一个无人的地点，好好放松一下。

第七章
亲子爱商：给孩子温暖和幸福

一定要用欣赏的眼光看待孩子。另外，在培养孩子的情商和智商之外，还要培养起孩子的"爱商"。学生淘气不是坏事，能做大事的不一定都是循规蹈矩的好学生，关键是老师如何去发现和影响孩子。情商是"玩"出来的，但淘气的孩子如果经常地淘过了头，这就是情商低。我们要想受人尊重，就需要有"爱商"，教会孩子心怀敬畏和感恩。

罗森塔尔效应：积极的鼓励，让孩子更阳光

罗森塔尔效应也叫"皮格马利翁效应"，由美国著名心理学家罗森塔尔和雅格布森在小学教学上予以验证提出。暗示在本质上，人的情感和观念会不同程度地受到别人下意识的影响。人们会不自觉地接受自己喜欢、钦佩、信任和崇拜的人的影响和暗示，而这种暗示正是让人们梦想成真的基石之一。

美国心理学家罗森塔尔在 1968 年做过一个著名的实验：

在某所小学，他选取三个班的儿童进行测验，然后将一份"最有潜力"的学生名单交给老师。其实，这份名单是随机抽取的，它旨在调动老师对名单上的学生的某种期待心理。8 个月后，罗森塔尔对实验进行追踪调查，发现名单上的学生成绩普遍有所提高，表现也更好。人们把这种现象，称为罗森塔尔效应。

这其实是一种赏识教育。如果老师对学生抱有较高期望，学生从老师那里就会感受到鼓励，就会以积极态度来予以反馈，从而取得很大的进步；相反，那些受到老师忽视甚至被歧视的学生，就会以消极的态度对待老师的要求、对待自己的学习。

9 岁的浩浩十分调皮捣蛋，邻居和老师都纷纷地来向妈妈反映他的"罪行"。妈妈也感到很头疼——孩子太顽劣，打骂都起不到效果。虽然浩浩犯了错后会勇于认错，但是事后总是会继续犯错。一次偶然的机会，妈妈看到了一篇介绍罗森塔尔效应的文章。受到这一绝妙效应的启迪，妈妈

第七章 亲子爱商：给孩子温暖和幸福

决定依照这一心理效应帮助浩浩纠正顽皮的劣习。

每天当浩浩取得一些成绩时，哪怕是一丁点的进步，妈妈都会看在眼里，并说出来以鼓励浩浩。当然，妈妈也会说："我觉得他们认为你调皮，是因为他们没有看到你其实很有想象力和创造力。很多人在展现优点时善于采取让他人更容易接受的方法，妈妈相信你也可以做到。"

罗森塔尔效应法还真管用，浩浩在很短的时间里就取得了明显的进步，他不再是捣蛋鬼，而是成了大家都喜欢的乖孩子。

林肯曾说："每个人都希望受到赞美。孩子说话、走路都是在父母的鼓励下才学会的。"学说话时，没有不说错话的；学走路时，没有不摔跤的。但是没有哪一个父母会因为孩子说错话、摔了跤，而不让他们学说话、学走路。父母的期望会对孩子的成长影响深远：父母如果以积极的态度期望孩子，那么孩子就可以朝着积极的方向改进；相反，父母如果对孩子存在着偏见，认为孩子"比不上人家"，"也就这么点能耐"，那么一定会导致孩子缺乏自信。

心理学家威廉·詹姆斯曾说："人性最深刻的渴望就是获得他人的赞赏，这是人类有别于其他动物的地方。"每个人都渴望受到别人的重视，得到来自他人的赞美。在这个世界上，所有成就非凡的人，他们成功的信念都源于赞美。父母平日里的一句"我相信你是最棒的"，"你不会让我失望的"，就是孩子日后所有奇迹的萌发点。

当孩子处于生理发育期时，心理还很幼稚，他们心灵最强烈的需求、最本质的渴望就是得到别人的赏识。孩子的年龄越小，越需要来自外界的鼓励，特别是父母的鼓励和期望。这种期望只有发生在合理范围内，才能产生积极的效果。父母不但要对孩子的优势面抱着良好期望，对孩子的劣势面也不要丧失信心，而应该给予合理的期望。父母首先应该相信孩子，在父母的正确期望下，孩子好的方面会得到加强，不好的方面会得到纠正和改进。

1. 看优点，避开缺点

"骗"孩子的第一步就是多看他的优点，少看他的缺点。天真的孩子像小鸭学步那样，刚刚开始接触这个社会，没有丝毫的经验可言，但有些父母总是太过心急，想要为他包办一切。

有一位妈妈说，以前老师总是投诉说她的孩子上课不专心听讲，非常好动。

回到家里，她拉着儿子的手开始"骗"他："老师今天表扬你认真做笔记呢，问问题也答得上来呢。真棒！"

见儿子眼睛一亮，妈妈又趁势说："不过，我听说你这一次语文只考了12分。你跟妈妈说说这是怎么回事呀？"

儿子听了，烦恼地说："我不喜欢语文，语文太难学了。我不喜欢听课。"

这时，妈妈并没有责怪他，而是说："哦，你对语文不感兴趣，没有认真听都能考12分，说明你很厉害。我相信你如果能再花多一点时间，一定会考得更好。"

这个时候，轮到孩子不好意思了，挠着头问："是真的吗？"

妈妈便趁势说道："当然是真的啊。语文有什么难的，只要每天认真一点点，肯定就有进步的。"

从这以后，孩子再也不说语文很难学这样的话了。每次考试，从12分，到20分，到50分，再到80分，孩子每次考试都在进步。最重要的是，每一次妈妈都愿意给他最大的鼓励、最大的表扬。

这种善意的骗法，就是教育的智慧。

2. "骗"孩子要有智慧

教育其实很简单，最好的教育其实就是"骗"孩子，告诉他，他是最优秀的就行了。从这个角度讲，最优秀的老师其实就是父母。父母从孩子

第七章　亲子爱商：给孩子温暖和幸福

很小的时候就陪伴在孩子身边，是孩子的第一任老师。而且，每个父母都应该是骗术高超的优秀老师。

如何当好这个优秀老师呢？首先，应当把孩子当作一个爱学习的好孩子，只是他还没有意识到学习的重要性。应该要耐心地强调，并多次表扬他的进步。孩子的思维是直线型的，父母说什么话，反映到脑子里的就是什么话。经常听见周围的人称赞他爱学习，是弟弟妹妹的榜样时，他可能就会去尝试着好好学习了。

其次，应当耐心地夸奖他的进步。让孩子发现原来自己很爱学习，能获得这么多人的肯定。时间长了，他就会把学习当成一种习惯，就会成为父母期望的好孩子。

南风效应：有"缺点"的孩子，长大后可能更有出息

法国作家拉·封丹曾写过一则南风和北风打赌的寓言：

南风和北风想知道谁的力量更强大，于是就决定比试一下看谁能先把行人身上的大衣脱掉。北风鼓起劲，狂劲地吹着，刹那间，寒风刺骨直钻衣领。可是，风越刮，天越冷，行人却越是把大衣裹得紧紧的。南风轻柔地徐徐吹动，顿时风和日丽，行人觉得春暖身热，纷纷解开纽扣，脱下了大衣。结果，北风输给了南风。

人们把启发自我进行反省及满足自我需要而达到目的的做法称为"南风效应"。

南风之所以能达到目的，就是因为它顺应了人的内在需要，使人的行为从被要求变为自觉。"南风效应"给我们的启示是：父母在处理与孩子之间的关系时，宽容比惩戒更有效。

孩子都是在错误中成长的，犯错误不是问题，要在错误中总结经验教训——找到做错的原因，知道该怎么办。面对孩子的错误行为时，简单、粗暴地将之和孩子的缺点联系起来，会导致孩子产生"我就这样了"的心态，不利于孩子将来的发展。

心理学曾研究，在孩子六岁之前，父母若是经常进行暴力教育，说一些生气的话，会让孩子养成负面消极的性格，产生自卑、内向与忧郁的心理，甚至害怕与人相处，也会让孩子感到受到不公正的待遇，认为自己无用而自暴自弃。孩子犯了错误后，父母如果习惯于扮演"北风"的角色，批评和指责孩子，就会让孩子远离父母，并会引发孩子的一些心理问题，诸如自卑、孤僻、自闭等，甚至会产生逆反和报复心理，故意和父母作对，不听父母的话，让父母生气等后果。

男孩特别喜欢踢足球，每次踢完球衣服上都沾满了土。回到家后，不是将脏衣服脱下来放在洗手间，而是穿着脏衣服直接躺在沙发上休息。米色的沙发巾很容易染脏，妈妈为此责备了男孩好几次，男孩总是不改。

有一天，妈妈一下班回家，就看见男孩穿着脏衣服躺在沙发上。妈妈没有发火，而是要求男孩自己把弄脏的沙发巾洗干净。妈妈说："踢球是你的爱好，妈妈也不反对，但一会儿林阿姨她们要来做客，妈妈现在要准备做饭，你弄脏的沙发巾怎么办？"

男孩看着被自己弄脏的沙发巾，也觉得不好意思，就决定去洗沙发巾。厚重的沙发巾清洗起来并不容易，男孩才发现妈妈原来这么辛苦。洗完沙发巾后，男孩主动地向妈妈承认了自己不爱干净、忽视妈妈辛苦劳动的错误，并且保证下次不会再穿着脏衣服躺在沙发上。妈妈很开心，她欣慰地看到，以前那个屡教不改的男孩，这回是真的改正不良习惯了。

一位教育家曾说：当孩子犯错误时，我们应该先避开错误本身，把孩子从错误的阴影中带出来，带他们走向温暖的阳光地带，打开他们的心锁。父母要用温暖的"南风"逐步吹掉孩子的警惕心理和错误习惯。父母在关心孩子的同时，也要学会尊重孩子，心平气和地对待孩子的错误，以温和的方式去引导孩子认识错误。

如何运用"南风效应"去教育、帮助孩子呢？

1. 关注孩子的情感、给孩子呵护与关心

孩子不论经历过什么，都希望自己在父母心中永远是颗不会贬值的钻石。也许孩子不够优秀，也许他常常犯错误，也许他淘气顽皮……但请记住，来到这个世上，谁能说自己没有"原罪"呢？既然如此，孩子犯错误时，父母仅仅因为愤怒，就可以任意贬低他们，刺伤他们的自尊吗？

每个孩子都是一颗闪闪发光的钻石。无端的侮辱、责骂、冷嘲热讽，会令璀璨的钻石蒙上尘垢；只有温暖的爱、真诚的赏识，还有充分的尊重，才能令钻石时刻发出耀眼美丽的光芒。孩子们在成长的过程中，不仅需要学校的培养，更需要父母情感上的关心与呵护。

2. 父母平时要注意自己的言语措辞

父母的言语对孩子的成长影响很大。在孩子成长的道路上，父母应正面思考对待孩子遇到的问题和困难。即使孩子面临偏见和压力时，也应和风细雨、和颜悦色、急话缓说、坏话好说、狠话柔说、循循善诱地教导孩子。

下面列出可能伤害孩子的10种语言类型，以及可能给孩子造成的伤害，希望对父母有所启迪。

（1）命令、指示、指挥。告诉孩子去做什么事情，给他下命令。

父母以居高临下的姿态对孩子进行指示、命令，如"你不要再哭了"；"你现在必须做作业"等。可能造成的后果：第一，会使双方沟通不良，伤害孩子自尊，造成孩子自我否定；第二，让孩子没有责任感，觉得父母应该为自己负责任；第三，使孩子产生逆反心理或报复心理。

（2）警告、责备、威胁。告诉孩子如果他做了某件事情会产生什么样的后果。可能造成的后果：沟通不良；因为害怕而顺从；使孩子产生"侥幸"的心理，学会投机，甚至欺骗；孩子变得容易愤怒、生气或者孤僻，没有主见。

（3）说教、教化、规劝。告诉孩子他应该如何做。可能造成的后果：孩子过重的思想负担或罪恶感；自我防卫，不信任他人；孩子遇事时退缩、疏远他人或直接反抗。

（4）提忠告、方法、建议。告诉孩子怎样解决问题。可能造成的后果：暗示孩子不具备独立解决问题的能力；阻碍孩子面对问题，提出解决方法并且采取实际的行动；使孩子产生依赖心或反抗心。

（5）教训、进行逻辑辩论。用事实，用反驳手段、逻辑知识或是你的意见去影响孩子。可能造成的后果：造成孩子的防卫态度与对抗心理；孩子反抗父母，不听父母的话；孩子觉得自己是不好的、错误的，为此失去自信。

（6）评判、批评、否定、指责。对孩子进行负面评判。可能造成的后果：暗示孩子是能力差的人、笨蛋；因为怕得到否定的判断或叱责，孩子会拒绝和你沟通，从心理上疏远你；孩子会接受父母的评判，产生自卑心理。

（7）表扬、赞同。对孩子进行正面评判，附和孩子。可能造成的后果：暗示父母对孩子有较高的期待，并要求孩子达到父母的目的，让孩子服从；让孩子觉得父母在施恩图报，极不情愿地被父母操纵；当孩子的感觉和父母的称赞不相符时，孩子会感到焦虑。

（8）嘲笑、羞辱。使孩子感到自己犯傻，把孩子归入另类，羞辱他。可能造成的后果：孩子会觉得自己没有价值，没有人喜欢自己，包括父母；孩子自卑，感到无地自容；会有语言和行为的反击。

（9）解释、分析、诊断。告诉孩子他的动机是什么，让孩子感到你在给他筹划，帮他分析。可能造成的后果：使孩子有挫折感和被胁迫感；孩子感到被套上框框，自己的缺点被公开很没面子；孩子会因为害怕被误会或缺点被公开，而不愿主动和父母沟通。

（10）保证、同情、安慰、支持。努力使孩子感觉好受一些，劝说他从不良情绪中解脱出来，尽力消除他的不良情绪，否认不良情绪的影响。可能造成的后果：孩子觉得自己不被了解；引起强烈的敌对意识；孩子通常将父母的意思理解为有伤心之类的情绪是不好的。

3. 和孩子一起学习、一起成长

养育孩子对于父母来说是个自我学习的过程。比如，你如果对孩子态度敷衍，其结果往往是伤害很大，不但对孩子，也对你自己。习惯于被父母敷衍的孩子，长大后就会用同样的态度对待别人，甚至自己的父母。当父母抱怨孩子时，往往不曾想到这些苦果都是自己无意中种下的。也许成年人的世界里才会有敷衍、欺骗和不负责任，而孩子总是那么的纯洁，纯真得让我们无地自容。

4. 在人格上尊重孩子、信任孩子

经常鼓励孩子，会提高孩子的自我意识。当孩子感觉到他是完全沉浸在温暖而可靠的信任中时，就会干得很出色。他不会费尽心机地去保护自己免遭失败的伤害，相反，会全力以赴地探索成功的可能性。他的心情是舒畅的，信任已经大大地影响了他——使得他把自己内在的最美好的东西发挥出来。不给孩子足够的信任，即使是捧着一颗爱心奉献给孩子，孩子也会感到痛苦。

禁果效应：越禁止，孩子往往越想尝试

在古希腊神话故事中，夏娃和潘多拉都因为禁令被激发了更强的好奇心，最终，夏娃偷尝了禁果，潘多拉打开了盒子。他们的行为正是禁果效应心理的表现，也就是所谓的"禁果格外甜"。由此可见，禁果效应就是只因被禁而更想得到某样东西的心理。

周末，韩雪带着女儿娜娜在小区楼下打羽毛球，遇到住在二楼的媛媛妈买菜回来。

媛媛妈见到韩雪，就开始抱怨媛媛的种种不听话：因为气温下降，她再三叮嘱媛媛不要穿得太单薄，可是媛媛根本不听，偏要穿短袖，结果感冒了；每天上学前，她特意嘱咐媛媛不要落了文具，结果媛媛不是今天忘记带笔，就是明天忘记带本子；她嘱咐媛媛考试时不要粗心大意，要认真审题，结果等到试卷发下来，总会有一些题目是因为粗心大意而丢分……

媛媛妈十分不解，为什么自己都是为了女儿好，总是费劲口舌，三番五次地强调，结果却是事与愿违，似乎越是强调禁止，媛媛越是和她对着干呢？

其实这是一种"禁果效应心理"。禁果效应是一种逆反心理，用通俗的话来说就是，越是不被允许，就越是想要尝试。

生活中常见的禁果效应是指，当外界压力迫使人们不去进行某种尝试时，人们会因此产生更强的了解欲望，结果反而会反其道而行之。孩子天

生就具有强烈的好奇心,禁果效应在孩子身上尤其明显。对于孩子来说,越是被禁止的东西,他们想要尝试的欲望越强。

"禁果效应"存在的心理学依据在于,无法知晓的"神秘"的事物比能接触到的事物对人们有更大的诱惑力,也更能促进和强化他们渴望接近和了解的诉求。我们常说的"吊胃口""卖关子",就是因为受传者对信息的完整传达有着一种期待心理,一旦关键信息在受传者心里形成了接受空白,这种空白就会对被遮蔽的信息产生强烈的召唤。这种"期待—召唤"结构就是"禁果效应"存在的心理基础。

"禁果效应"跟两种心理有关。一种是好奇心理,另一种是逆反心理,两者都是人类的天性,人们倾向于对自己不了解的事物产生好奇,这是好奇心理。而逆反则基于人们挣脱束缚、追求自由的天性。另外,"禁止"会使很多从前并不知晓"被禁"事物的人,得以知道某些"禁果"的存在。结果是:没有发布禁令之前,并没有很多人去关注的某一事物在成为"禁果"后,却引来大量关注,而且人们纷纷倾向于品尝"禁果",造成了与"禁止"的初衷相悖的结果。

下面我们来述说在家庭教育中如何运用"禁果效应"。

1. 不要简单地进行行为禁止

父母对孩子的简单禁止会人为地增加孩子对禁止事项的吸引力,正确的做法是在对孩子进行行为禁止时,要明确地告诉他们后果,让孩子欣然接受后果,他们才不会刨根问底、一探究竟,才不会因为好奇而闯祸。尤其是对处于探索期的孩子,一定要用充分的理由让他们相信触犯禁止行为的后果。

2. 欲情故纵

根据禁果效应的原理,父母越是禁止的事情,孩子参与和探索的欲望就越强,对于长期禁止而引发孩子过度探索和参与的事物,进行适当的解禁反而可以降低他们的欲望。举个例子,如果对孩子说"不要玩手机",他们一定会想方设法把父母的手机搞到手,然后偷偷玩。这时使用"欲情故纵"的方法，每天给孩子设置固定的玩手机的时间，不但会让孩子玩手机的时间减少，一段时间之后，你会发现孩子对手机越来越不着迷了。

安全效应：孩子都渴望安定和安全

　　安全感是生命的底色，深深影响着每个人的存在状态。人们只有在拥有基本的安全感后，才可能放松下来，更多地体验到轻松、愉悦、自在、欢乐等美好情绪。否则人们会挣扎在恐惧当中，耗费巨大的能量去寻求安全感，很难有精力和心情真正地享受生命。

　　一个人的安全感越充足，他就越自信而有力量，越能够自在地享受生活，并愉悦地投入工作。人们的安全感从刚来到这个世界上时就已经开始建立，年龄越小，安全感的状态越重要，对人一生的影响也越大。孩子的安全感最重要的来源就是身边的父母，父母对待他的态度以及父母自身的安全感状态会对孩子产生重要影响。

　　前两天在微博上看了个视频，让人忍俊不禁：

　　小女孩"控诉"爸爸只顾上班而不陪她，说爸爸肯定是不爱她了。她一边"控诉"爸爸，一边委屈地哭着。

　　开始看时，觉得小女孩有点无理取闹，有点小可爱。再一看，便心疼小女孩了。她并非无理取闹，而是真认为在爸爸心里好像只有工作而没有她。看着她那挂着泪痕的脸蛋，可以想象，爸爸这样为了工作节假日也不能回来陪她的日子有多少次，她的失望与失落又积攒了多少，她的不安感又强烈了多少？她的撒娇取闹其实折射的是内心不安，她真的很担心爸爸不再爱她了。

现在有许多俗称的"假日父母",即父母平常都将孩子托付给保姆或是长辈照顾,自己则因为工作应酬而很少陪伴孩子,甚至不经常接孩子回家,使孩子难得与父母见上一面。而对于孩子来说,爸爸妈妈就像是玩伴一样重要。缺少了父母的陪伴,安全感自然也就无从建立或培养,他们需要亲情,需要心理安全。

心理学研究表明,儿童在很小时就会强烈地依恋父母或其他养育者,这种依恋是在婴儿与父母或养育者的相互交往和感情交流过程中形成的。儿童要求的不仅是父母满足他们的物质需要,更要求父母为他们的心理安全提供保障。感受不到父母给的安全感,享受不到父母给的心理抚慰,孩子是多么的可怜!

有安全感的孩子情绪稳定,性格坚定平和,遇事不会惊慌失措,能较好地融入与同学的交往关系,能现实、理智地处理在生活中遇到的难题。缺乏安全感的孩子则表现为情绪波动大、胆小怕事、社交回避、自闭、性格孤僻、不能承受挫折。面对孩子,我们要做的是永远把帮助孩子放在第一位。

一个合格的父亲母亲,首先是懂得给孩子安全感,因为安全感是孩子人格健康的基石。

1. 孩子缺乏安全感的表现

(1)抱着东西睡觉。有很多人都有抱着东西睡觉的习惯,这其中有一部分是来自于自己的习惯,但是却也有很大一部分人做出这种行为是因为自身安全感的缺失,他们自己都没有察觉到这个原因。

(2)喜欢讨好他人。在长期缺乏安全感的环境下生活,人会发生很多变化,也有很多人形成了讨好型人格。讨好型人格的人办事小心谨慎,很怕得罪人,所以不懂得拒绝,很难形成自己的人格魅力,也很难达到人格独立。

(3)多疑敏感。缺乏安全感的人内心随时都会觉得恐惧,这使得他们在生活中变得异常敏感。在面对身边的人，尤其是亲近的人时，总是无法轻松地进行日常交往。他人无意间的一举一动，一颦一笑都会让他们胡思乱想，长此以往，他们就会变得压抑疲累。

（4）易出现情感问题。很多人由于在儿童及青少年时期缺乏安全感，最终导致在成年后出现了很多感情问题。比如，在感情开始前犹豫不决，不敢投入感情；在感情中总是患得患失，无法对另一半保持信任，在分手后不能走出阴霾，变得自卑落寞。

2. 如何培养孩子的安全感

（1）不能时刻陪伴。很多家长认为，孩子之所以缺乏应有的安全感，是因为缺乏父母长期有效的陪伴。父母时刻陪伴在孩子身边，不但不现实，也不能从根本上解决问题。

（2）保持情绪稳定。很多时候，父母在离开孩子时，作为父母的心理防线先行崩塌了。孩子看见父母在与自己分别时脸上挂着不舍，甚至流下眼泪，他会把暂时的分离当作是天大的事情。而如果父母面对这种问题时能够泰然处之，那么孩子也会觉得暂时分开没什么大不了的。

（3）分开时仍然可以陪伴。有时，孩子并不是害怕跟父母分开，而是不清楚父母什么时候才会回来。孩子的这种不安全感主要来自于这种未知的焦虑。如果父母能够在暂时分别的日子里想办法陪伴孩子，孩子就会明白自己与父母之间的感情并未中断。这种办法其实也有很多，比如在分开的日子里定期打电话、视频语音通话，还可以为孩子留便签、信件，让家人念给孩子听，这都是很不错的方式。

（4）重视承诺。如果在暂时分离时，跟孩子约定好了回来的时间、回来之后的安排计划，就要尽全力做到。如果真的临时出现其他问题，也要与孩子提前进行沟通，从心里对孩子加以尊重，这样才能让孩子在分别的日子里，保持内心的安全感。

超限效应：刺激过多，只能引起孩子不满

超限效应是指刺激过多、过强或作用时间过久，从而引起心理极不耐烦或逆反的心理现象。

马克·吐温听牧师演讲时，最初感觉牧师讲得好，打算捐款；10分钟后，牧师还没讲完，他感到不耐烦了，决定只捐些零钱；又过了10分钟，牧师还没有讲完，他决定不捐了。在牧师终于结束演讲开始募捐时，过于气愤的马克·吐温不仅分文未捐，还从盘子里偷了2元钱。

这种由于刺激过多或作用时间过久，而引起逆反心理的现象，就是"超限效应"。

超限效应现象在家庭教育中时常发生。如当孩子因为学习不用心而没考好时，父母会一次、两次、三次，甚至是四次、五次重复对一件事做同样的批评，使孩子从开始时的内疚不安到不耐烦，最后变成了反感讨厌。一旦被"逼急"了，孩子就会出现"我偏要这样"的反抗心理和行为。因为孩子一旦受到批评，总需要一段时间才能恢复心理平衡，在受到重复批评时，他心里难免会嘀咕："怎么老这样对我？"这样一来，孩子挨批评的心情就无法复归平静，反抗心理就高亢起来。

最常见的是批评。孩子做错了事，说错了话，我们在批评时，往往看到孩子表现出来有点无所谓的样子，于是就十分生气，心想这怎么行？根本没有意识到问题的严重性嘛。于是，我们越讲越激动，越讲越收不住，

就一遍又一遍地强调这个道理,"苦口婆心"地重复批评。

而几乎无一例外的情形是,孩子一开始还在认真听着,虽然表面上看来满不在乎,心里却可能是自责的,只不过被批评时自动出现的防御模式使他表现得不以为意。但是,父母却被这表面的现象所激怒,认为孩子是在挑战作为父母的权威,也有时是因为父母没有出完气,需要借机发泄,于是说个不停,这样自然就导致了超限效应的发生,结果当然是适得其反。

无论是哪种情况,超限效应一旦发生,你前面的批评就功亏一篑,甚至还要通过向孩子道歉来收场。道个歉是小事,只不过是向孩子承认我们的幼稚而已。可是一次又一次地超限,就可能让孩子对我们的教育变得麻木,形成"免疫"。那么,在家庭教育中,父母应如何避免"超限效应"的发生,并达到所期待的教育效果呢?

1. 给孩子布置任务时,只限定一项

冗长的讲话无论讲得多么好,听众也很难听得进去,相反,如果对具体的内容"只讲一点",即使讲话的能力差,那样也能成功地吸引孩子的注意力。讲的内容一多,主题就变得分散了,讲得再好也不会给孩子留下印象。所以在提醒孩子注意这个或那个时,父母一开始就要表明"我只讲一点",让孩子感到压力减轻了,也能做好听的准备。罗列的内容太多,无论多么好的意见,孩子从一开始便不想认真地听,如此一来,就犹如对牛弹琴。

2. 注重激励过程,而不是比较结果

任何一个人都有自己的价值观。当一个人的自我价值受到影响和损害时,会自然而然地进行自我保护,在态度或行为上表现出抗拒外界的劝导和说教。很多父母在家庭教育中最容易犯的毛病是不顾及孩子的自尊心,不管在什么场合,看到孩子的毛病,就是一顿训斥。在这种情况下,即使父母批评的是正确的,也会使孩子感到"丢面子",自我价值受到贬低和损害,久而久之,就形成了逆反心理。

在家庭教育中，只要充分肯定孩子付出努力的过程，就能发掘孩子身上的闪光点和潜力，拉近亲子之间的心理距离，创设一种能够彼此接纳、沟通的氛围，使孩子更容易接受父母的教育。

3. 批评要针对具体事情，表扬要适度

父母对孩子进行批评时，一定要针对具体的事情而不要针对孩子。因为有时孩子做事的动机和愿望是好的，只是做事的方式方法不当，才会造成不良后果；有时孩子犯错误是因为不成熟，缺乏社会经验所致。因此，表扬也需要把握针对的"尺度"。

4. 使用"比较级"的说法

明智的父母跟孩子谈话时常用"比较级"的说法。对孩子没有把握完成的事情，父母可以先针对孩子某一处做得好的地方进行表扬，然后再说："这儿如果这样做会更好些。"使用这样的"比较级"说法，会使孩子容易接受下一步提出的更高的要求。

当然，使用"会做得更好"这种"比较级"的说法，是以"现在做得还可以"为前提的，由于前面已经用认真的夸奖做了铺垫，此时再提出更高的要求，孩子就会高兴地迎接挑战。

仪式效应：仪式感让孩子相信自己足够好

仪式感是我们内心情绪的表达方式，是我们在内心追求价值感的外化表现。仪式感不是追求形式、华而不实的东西，评判仪式感最重要的标准是能否让人感受到内心的富足。在家庭中，通过这些特定的表达，能够让每个家庭成员都有归属感。共同的仪式，让我们认同对方，接纳对方，表达出"我爱你"的内心情感。

知道仪式感，是在读《小王子》时，小说里的小王子和他驯养的狐狸之间有这样一段对话：

狐狸说："你每天最好相同时间来。"

小王子问："为什么？"

"比如，你下午四点来，那么从三点起，我就开始感到幸福。时间越临近，我就越感到幸福，我就发现了幸福的价值……所以应当有一定的仪式。"

"仪式是什么？"小王子问。

"它就是使某一天与其他日子不同，使某一时刻与其他时刻不同。"狐狸说。

村上春树说："仪式是一件很重要的事情。"在日常生活中，父母在对待孩子的事情上多一些仪式，对孩子的成长很有益处。

从小就给孩子有仪式感的生活，孩子会对生活充满期待。毕竟人生有时候还是挺无趣的，如果一直没有波澜，那就容易让人感到乏味。诸如生日、节日等特殊的日子就是要调剂一下生活内容，让生活变得斑斓多彩，也让孩子对生活充满期待，更能形成正确积极的人生态度，从而培养孩子学会用这种饱满的、有所祈盼的态度对待人生。

仪式感也能让孩子更加认真对待人生。没有了仪式感，就没有了一些东西提醒我们今天和每天有什么不一样，导致日子变得索然无味、碌碌如常。教会孩子仪式感，就是要教会孩子学习用"仪式"来点亮心情，让生活变得充满意义和乐趣，也让孩子懂得期盼、可贵。

1. 孩子进步，教会他仪式感

仪式感能够提高生活的幸福度，能增强人对每一天的感受力。教会孩子仪式感，是聪明的父母给予孩子最好的礼物。仪式感并不复杂，它是可以通过各种小事来向孩子传递爱与关心的工具。比如，孩子在小的时候，此时正处于掌握生活技能的阶段。当孩子学会穿衣服、吃饭、上厕所，父母要对孩子表现出很赞赏的肯定，让孩子知道这些事情的结果是好的，因而使孩子更加享受进步的乐趣。这也是在教会孩子学会自我肯定、自我激励，让孩子始终渴望自己能向前成长。

2. 给孩子爱，需要仪式感

父母在生活的方方面面对孩子都毫无疑问地付出了全部的爱。可是，时间长了孩子未必能体会得到这细久绵长的爱。父母要在生活中设计一些仪式感，一来可以让孩子感受到父母的爱，另外在特殊的日子，也能方便父母更直接地表达爱。比如，在孩子过生日的那天，全家人一起给孩子过生日，让孩子许愿，父母给孩子寄语表达爱意，都是非常合适的家庭仪式。这些仪式既有利于增进亲子关系，也能提升孩子的幸福感。

3. 传统节日，给孩子各种仪式感的体验

中国有很多传统节日，诸如春节、元宵、中秋、国庆节等，这些节日和中国文明、时节密切相关。在过传统节日时，孩子可以通过这个过程体验与亲人之间的深厚情意。作为父母，在带孩子体验这些传统风俗的同时，也能顺便建构家族节日文化。当孩子长大成人时，就能够从这些节日里获得信念、幸福，能够短暂地从奔波忙碌的生活中解脱出来，享受生活中片刻的安宁。总而言之，爱孩子的父母就应该教会孩子懂得并珍惜"仪式感"。

探索效应：让孩子自动自发地思考问题

狄德罗是法国著名哲学家，他曾说过："怀疑是走向哲学的第一步。"因此，父母要鼓励孩子主动思考、善于思考，引导他们能发现问题、解决问题。有这样一个故事：

初二年级，学校开了物理课，为了让儿子提高对物理的兴趣，妈妈对物理学家阿基米德曾提的一个问题做了演绎，之后写在白板上：

道具：一个脸盆（比鱼缸直径要大），一条金鱼，一个装满水的鱼缸，一个水缸。

过程：首先，将装满水的鱼缸放入脸盆；接着，将小金鱼放入鱼缸；然后，将脸盆中溢出的水倒入水缸。

结论：溢出的水量比金鱼小。

问题：为什么溢出的水量比金鱼小？

读完题目，儿子开始思考。他在假期里已经自学了物理，知道了浮力定律：物体在水中排出的水量等于物体的体积。为什么这条金鱼例外呢？为了确定自己没有记错，他甚至还打开物理书，重新阅读了那一节的内容。

儿子向妈妈投去质疑的目光，妈妈说："想知道答案，就自己试一试。"

儿子受到鼓舞，找来盆子，买了金鱼和鱼缸。按照步骤做实验，结果最终表明，溢出水的体积与金鱼相同。物理定律是正确的，这道题目错了。

儿子向妈妈讲述了自己实验的过程和结果。妈妈笑着说："儿子，你很聪明。你的怀疑是正确的，要想将物理学好，就要敢于质疑、善于思考！"

没有疑问就没有探索，不是所有权威说出的理论都是真理，不是妈妈说出的所有的话都正确。

世界上许多伟大的发明与发现都源于对事物或者现象的思考。比如，牛顿思考"苹果为什么往下掉",之后提出了"万有引力";梅尔道克思考"煤是否能在水里燃烧",最终发现了煤气……因此,为了提高孩子的探索欲望,就要鼓励他们多思考。

在生活中,有很多父母都会阻止孩子在外面摸这摸那的,也不许孩子把任何东西放到嘴里。殊不知孩子需要用嘴、手及所有感知器官来探索世界,认识世界。而剥夺了孩子探索的权利,就会造成孩子的认知缺失。

婴幼儿时期的孩子,从睁开眼睛开始就会一刻不停地动来动去,登梯爬高、上蹿下跳。父母经常会纳闷:"他是怎么上去的呢?"这边还没玩够,那边又跑去把抽屉都打开了,要不就是钻进了衣柜里玩捉迷藏。孩子的这些行为会令父母很生气,因为父母不知道孩子什么时候就会惹事。这种看似"淘气"的行为实际上是孩子探索世界的方式,父母只需要保证孩子所处的环境是安全的,且你能够坚持在孩子身边指导他们就行了,大可不必干预或阻止。

1. 多问"为什么"

多问问孩子"为什么",要想让孩子学会思考,就要多问孩子问题。这里说的问题不是那种类似"1加1等于几"之类的有着标准答案的问题,而是类似"为什么不能挑食"这些没有标准答案的问题。

同时,要引导孩子学会从不同角度去思考问题。例如"为什么不能挑食"?答案可以是因为挑食了爸爸妈妈会不开心,也可以是因为挑食了长不大,也可以是因为挑食了会生病等。孩子的脑子里有着千奇百怪的想法,不要刻意地去限制这些想法,只要适当地引导就可以了。

2. 让孩子学着反思经历过的事情

正所谓:吃一堑,长一智,要让孩子学会反思。例如,孩子不小心摔倒了,这时就可以问问他,为什么会摔倒呢?孩子犯了错,这时就可以问问他,知不知道错在哪儿?

3. 多让孩子接触新鲜事物

新鲜的事物容易引起孩子的好奇心。有了好奇心,孩子就会去探索,而探索的过程就是一种思考。父母们平时尽量多带孩子去陌生的地方看一看,见识各种各样的人、事、物。见识越多,孩子越聪明,越善于思考。

4. 多利用一些益智类的游戏和玩具

拼图、积木等益智类玩具对于培养孩子的思考能力有着不错的效果,同时,要多让孩子试着独立去完成某些简单的小事情,要积极鼓励孩子并给予孩子适当的表扬和奖励以激发孩子的思考热情。

5. 多和孩子交流

语言沟通是大人和孩子之间缩小距离最重要的手段之一,只有多和孩子交流才能增进彼此感情。在孩童时期,孩子对外界认知不足,可能会产生一些恐惧心理,遇到问题不知道怎么处理,所以父母要多站在孩子的角度去思考问题,以朋友的身份和孩子交流。

6. 让孩子做自己喜欢的事情

兴趣是最好的老师。兴趣可以让孩子积极主动地去了解世界、去学习。父母可以试着培养孩子拥有更多方面的兴趣爱好,带孩子去一些组织健全的培训机构学习。让孩子全面发展,对孩子未来的成长有百益而无一害。

7. 给予孩子一定鼓励

对孩子给予一定的鼓励,可以激发孩子的学习能动性,引导孩子找到学习的乐趣,让孩子感受到来自父母的"爱"。这种爱对孩子来说是一种"安全感",是一种底气,对孩子自信自强品格的形成有良好的推动作用。

8. 注意不要进入"乖孩子"教育误区

现实生活中,"乖孩子"教育思维有很大的市场。所谓的"乖孩子",表现在老老实实听长辈的话、按时完成作业、学习成绩好、长辈不允许做的事坚决不做等。这类孩子确实可以让父母和老师少操很多心,但他们的独立思考意识和能力不仅没有得到培养,反而在这样的过程中被削弱了。

第七章 亲子爱商：给孩子温暖和幸福

9. 鼓励尝试

尝试是思考之后在行为上的表现，是锻炼孩子思考能力和动手能力的最佳结合，要鼓励孩子进行各类有益的尝试，即使这些尝试最后失败了。当然了，对于一些违法的尝试（如吸毒等）、不符合条件的尝试（如驾驶机动车辆等），要明确地告诉孩子为什么他们不能对这些项目进行尝试。

10. 指导孩子自己找到问题的答案

孩子爱问为什么，是孩子自我思维发展的结果，因此孩子对一切事物感到好奇。孩子问问题时，不要急于告诉孩子答案，而是先让孩子自己去寻求答案。因为寻求答案的过程就是思考的过程，也是思考习惯养成的过程。

标杆效应：积极影响孩子比命令孩子更有效

榜样是孩子前进路上的标杆，榜样的力量是无穷的。一个好的榜样对孩子来说就是最好的宣传、最好的激励，尤其是这个榜样就在孩子的身边。最近的一则新闻让很多人意识到：不遵守规则的大人，真的不如孩子。

在浙江义乌某奶茶店，一个女孩在排队买奶茶。可能是排队的人太多，爷爷就想插队直接把钱给店员，但店员不同意。这个时候，女孩告诉爷爷插队是错的，要求爷爷排队，为此与爷爷产生争执。这时，爷爷突然间伸手打向女孩的后脑勺，并且把女孩拉走，一边走一边仍在打女孩。

店员看到女孩被打得挺凶，就把饮料先给了女孩，旁边的客人也纷纷表示愿意让女孩先买饮料。

站在爷爷的角度，或许他的目的已经达成：快速购买到了奶茶。但目的的达成却是通过这样一种不讲理、破坏规矩的方式。可是，这样的行为，又会对孩子的成长造成什么样的影响呢？

可能有人会这样说，不过就是插个队，等到孩子长大了就会理解什么是好的、什么是坏的。但是，任何教育都是细致入微的渗透，尽管不会在当下对孩子产生过于严重的影响，但时间长了，孩子思考问题的方式一定会发生一系列的变化。做爷爷的如果按照女孩的意愿好好地排队，就能更好地教会女孩怎样遵循规矩、尊重他人。因为好的榜样，能促进孩子快速成长；坏的示范，只会让孩子迷失自我。

当然，这样的例子也不在少数。

有一次，司机在车里等红绿灯时，看到一位妈妈带着孩子过马路。妈妈有意闯红灯，孩子拉住妈妈的手，说："妈妈，红灯。"然后，使劲把妈妈往回拉。结果，妈妈立刻甩开了小孩的手，还骂了小孩一顿。等绿灯亮了，自己一个人在前面走，不管自己身边的孩子，孩子只好独自在后面紧紧跟着。

正是因为有这样一些家长对孩子教育上的无作为，让很多家长们离"榜样"两个字越来越远。也正是因为这些家长在教育上的随性，让越来越多的孩子"继承"了家长们身上的一些坏习惯。

对孩子过于溺爱，认为只要孩子在成长过程中快乐就好，其他方面可以随意。抱持这类教育理念的家长虽然竭力给孩子创造了一个快乐的童年，但是却也在浪费教育孩子的最佳机会。不能说这是社会的退步，但这一定是教育的悲哀。

家长是孩子的启蒙老师，更是孩子生活上的领导者和引导者，家长身上 70% 的行为习惯都会传染给孩子。所以，想让孩子在将来更好地发展，家长就要起到表率的作用。要想让孩子成为一个有素质的人，前提就是父母应该给孩子树立好榜样。

1. 要孩子学会关心他人，父母要经常关心人

现在很多孩子都太在乎自己的感受，把自己当作世界的中心。只要周围人对他们有一点不好，他们就会大发雷霆，甚至会指责别人为什么要这么做。难道父母没有关心孩子吗？当然不是，只是家长的这种关心是盲目的，一味地让孩子享受别人的关心，却从不教孩子应该去关心别人，这样的教育方法是徒然的。

2. 要孩子学会尊重人，父母要先尊重人

很多父母都希望自己的孩子可以尊重每一个人、每一个靠自己双手去劳动的职业。每一个孩子在自己内心里当然想赢得别人的尊重，但是要赢得别人尊重的前提是，孩子自己首先要学会尊重他人。

3. 想让孩子不说脏话，自己就要禁口

如果家长不想让孩子说脏话，自己就应该尽量避免说脏话，因为孩子从说话开始，就会从父母那里学习。如果孩子骂脏话，别人不会觉得是孩子的错，而会认为是父母没有教育好，因此所有父母在生活中一定要以身作则。

4. 要让孩子有礼貌，父母先要有礼貌

每个父母都希望自己的孩子有礼貌，见到熟人时可以礼貌地问好，也能够尊敬家里的老人。但是当孩子还没有意识到事情的对错时，完全就是在模仿复制父母的做法，所以，要想让自己的孩子有礼貌，父母在平时就更要有礼貌。

如何让孩子做到懂礼貌？如果想让孩子做成某一件事情或者养成良好的行为习惯，父母就要以身作则，每时每刻都要坚持正向地去影响孩子。

【爱商小测试】

每道测验题有三种答案，请根据平时的情况，如实选择一种，最后算总分。

1. 孩子回到家里，父母发现孩子刚刚与同学打过架，衣服被撕破了，

双膝受了伤。作为父母，你会如何处理？（　）

　　A. 批评他几句，但态度和蔼可亲。

　　B. 不许他一人去外面玩。

　　C. 怒气冲天，惩罚他。

　2. 你送给孩子一件他盼望已久的礼物（较贵重的），几天后他给弄丢了，你如何反应？（　）

　　A. 你安慰孩子，尽量使孩子不要为此事太难过。

　　B. 你决心再不给孩子买贵重的礼品。

　　C. 你惩罚了孩子，在责备孩子的话语中提到了丢失物品的价钱。

　3. 孩子给你传信：老师让你去学校一趟。你如何对待？（　）

　　A. 只要有可能，一定要去见老师。

　　B. 设法搞清楚孩子惹了什么祸，并警告孩子。

　　C. 打算立即去见老师，很生气。

　4. 孩子期中考试有两门功课不及格，你如何认为？（　）

　　A. 你很难过，但认为这并非不可救药，决定在假期里给孩子补课。

　　B. 你不知道该怪孩子，还是老师。

　　C. 你认为这是家丑，但并不以为然，因为孩子的同学也有两门功课不及格。

　5. 你发现孩子有香烟，如何处理？（　）

　　A. 做出尚未发现他有香烟的样子，但向孩子讲述吸烟的害处。

　　B. 你不注重这件事，没有采取任何措施，但当孩子做错事时，向孩子提起他吸烟的事。

　　C. 等待适当时机，当场抓住孩子抽烟，再训斥他。

　6. 发现孩子偷了自己钱包里的钱，你如何处理？（　）

　　A. 先弄清楚孩子要钱干什么，然后再采取措施。

　　B. 没弄清事情的原委，直接惩罚。

　　C. 你明白了：孩子是个小偷。

7. 孩子近来学习成绩下降，对老师不礼貌，还在单恋（初恋）某个同学。你如何处理？（ ）

A. 联想到自己在孩子这个年龄时的情况，能做到理解孩子，对孩子态度温和。

B. 你相信这件事会随时间的流逝变成过去。

C. 让孩子自己去做了断，并限制他的行动。

8. 孩子与染有恶习的孩子来往，你会采取什么措施？（ ）

A. 利用一切机会给孩子讲恶习带来的危害，并劝他与对方断绝来往。

B. 你认为这是过渡年龄所致，是正常的行为。

C. 你逐渐相信孩子是个流氓。

9. 孩子说了不愉快的话，你忍不住打了他一巴掌。过一段时间你想起这事，会如何处理？（ ）

A. 请求孩子原谅，保证今后要克制。

B. 努力改正自己的过错，但不准备向孩子道歉。

C. 你不认为这有什么错。

10. 得知孩子与异性交往态度不严肃，你会怎么做？（ ）

A. 立即表明已经知道了，并告诉孩子他的行为使你难过。

B. 劝孩子不要因为不理智而做蠢事。

C. 对孩子的行为没什么反应，一旦有机会就向孩子提这事。

11. 你认为一个人事事成功的保证是什么？（ ）

A. 具有特殊的意志力。

B. 健康的体魄。

C. 智力好。

12. 你希望孩子长大成为什么样的人？（ ）

A. 善良的人。

B. 出色的专家。

C. 知名人士。

结果评测:

评分标准:A 为 1 分;B 为 2 分;C 为 3 分

将积分总数与下列各分数段相对照,可大致了解你教育子女是否具备一定的成功素质。

测试分析:

12~16 分:你在教育孩子方面可提供很多经验,具有做教育家的天赋。

16~20 分:你在教育孩子上做法基本正确,但不要忘记:好激动是不利于教育的因素。

20~24 分:应重新审查下你对自己及对孩子的看法是否正确,尽管你有时也联想自己年轻时的情况。

24~28 分:你很多时候都是不公正的,但能看到"人"与"孩子"两词之间的差别。

28~32 分:你未必会有一个受孩子尊敬的幸福晚年。

32~36 分:应该认真考虑是否生养孩子。

第八章 情感商数：人际中的处理能力

情感商数指一个人对自己情绪的把握和控制的能力、对他人情绪的揣摩和驾驭能力，以及对人生的乐观程度和面对挫折的承受能力。情商高的人让别人舒服；爱商高的人不管爱与被爱都很舒服。反之，爱商不够的人，每走一下都步履维艰。

爱商——爱的感受、智慧与能力

镜子效应：别人对待你的态度取决于你

女人一般都喜欢照镜子，因为通过镜子能够看到自己的本来面目。这也是镜子的原理之一。其实，在对爱商的培养过程中，也要重视镜子效应的运用。

在一次同事聚餐上，一个同事酒后抱怨说："年近三十，突然感觉到这个世界对我充满了恶意。工作晋升失败，能谈心的朋友越来越少，和妻子吵架搞得家宅不宁。可我什么都没做错，大家为什么要这么对我？"

可是，我们都知道，他晋升失败是因为能力不足；朋友变少是因为脾气太暴躁；就连妻子也不能再容忍他毫无缘由的情绪波动，总是导致争吵不可避免地出现。

"我在公司工作了这么久，没有功劳也有苦劳；我对待朋友和爱人一片真心，他们却都这样回报我……"他不停地抱怨别人，觉得全世界都应该对自己好，却从不反省自己，从不知道别人对自己的态度其实是取决于自己对待别人的态度。

电视剧《欢乐颂》里有一句台词："一个人不理你，有可能是对方的问题。但是，如果大家都不理你，那就要从自身找原因了。"他人是你认识自己的一面镜子，别人对待你的态度，取决于你是个什么样的人。当你觉得所有人对待你的态度都不如自己所设想的那样，你需要做的便是深刻的内省。

别人如何对待你，往往取决于这三点。

1. 你是否尊重自己

自尊自爱是良好人际关系的基础。从某种意义上来说，要想赢得尊重，首先必须学会尊重自己。尊重自己就是尊重自己所处的状态，而不是被他人的观点所挟持。

尊重自己的第二个方面是不会刻意讨好他人，取悦他人。因为每一个尊重自己的人都知道，每个人都是不同的，你有你选择的权利，我也有热爱的自由。爱商高的人会认真用心地去欣赏他人的不同，就像欣赏自己的风采一样。而不是在他人面前唯唯诺诺，找不到自我。他们会用一种更为平等的态度对待朋友和身边的人，这是尊重自己的深刻内涵。

尊重自己还意味着懂得彼此的界限在哪里，会适当地拒绝他人，意味着能够拥有自我清晰的界限感、自我底线与原则。

他们不会刻意去逞强，而是适当地选择拒绝他人。这种拒绝不会让他人感到难堪，而是一种对自我能力的准确分析与判断。

2. 你是否有实力

别人如何对待你取决于你的实力。实力是人际关系的通行证。有实力的人即使性格孤僻自傲，在他人眼里也是有吸引力的，因为有实力的人不容小觑。所谓物以稀为贵，实力本身就是稀缺性的。

当有些人费尽心机去钻研经营人际关系的技巧时，有实力的人因为本身具有的视野与资源，无论是发现问题还是解决问题都会非常准确快速。更重要的是，他们能够有效地将资源整合起来，带给大家更大的收获。

通常来说，实力往往来自两个方面：一方面是自身积累的底蕴与技能是否具有不可替代性。比如写作技能、谈判技能等，都是从某种意义上来说不可缺少的重要技能。另一方面是实力来自你的信心与勇气。有些人的技能并非非常突出，但是和他在一起，总能感觉到他满满的自信。因为他们懂得做事的正确方法，知道自己用什么样的方法与路径才能达到目标，所以他们对待身边的人和事情总是能够做出准确的判断与安排。

3. 你是否信守承诺

想要和他人有融洽的人际关系，赢得别人的尊重，信誉能力必不可少。这种信誉能力来自我们对待自己的言语还有行为是否能做到认真负责。

有个年轻人人品很好，懂得尊重他人，也非常有能力。他最致命的缺点就是说话不算数。比如之前借了一个同事的钱，明明说好三个月还，最后到了五个月还没还，随后又不断地拖欠，导致失去了大家对他的信任。

信誉力代表一个人对自己的言语负责，也代表认真履行自己对他人的承诺与协议，是衡量一个人是否靠谱的重要特性。没有信誉力，实力和自尊走不了多远。只有信誉力、实力和自尊自爱三者相辅相成，才能聚集更多的人，创造属于自己的世界。

相似效应：寻找共同点，增加亲切感

人们常说："道不同，不相为谋。"这句话的意思是说，如果两个人的意见或志趣不同，那么就没有办法在一起共事。其实说到底，还是"相似点"在发生作用。每一个人最感兴趣的始终都是自己，因此在人际交往中，人们总是更加倾向于选择和自身有相似之处的人打交道、做朋友。

心理学家们曾做过一个实验。他们选了一组条件相似的男大学生，让他们住在同一个大屋里。然后，又选了一组条件不相似的男大学生住在另一个大屋里。实验结果显示：条件相似的那个房间里的男大学生们，关系变得很密切，彼此都成了好朋友；而条件不相似的那个房里间的男大学生们，关系则很平常，彼此很难成为好朋友。

这个实验研究的结果，是"道不同，不相为谋"的最好例证。它告诉我们：相似性是人际吸引中的一个关键因素。彼此相似的人，总要比毫无共同之处的人容易进行良好的沟通，很少会因为意见传递的困难而造成误会和冲突。即使两个人是初次见面，一旦发现了彼此的共同之处，也会很快就产生"相见恨晚"的亲切感。

第八章　情感商数：人际中的处理能力

众所周知，世界上并没有两片完全相同的叶子。不过，没有归没有，但不能否认的一点是，它们都是叶子，即使达不到"一模一样"的标准，还是有不少共同之处。叶子尚且如此，人也不例外，只要观察得足够细致，就能找到彼此的共同点。

初次见面，寻找一个适合彼此的话题是良好的开端，可以增进彼此之间的了解，为以后的交往做好铺垫。人们往往会对自己所熟悉的事物产生好感，对与自己相像的人产生信任，所以寻找共同点不失为取得对方信赖的有效方法。那么如何寻找与陌生人之间的共同点，从而迅速找到共同话题呢？

第一，观察对方的表情、服饰、谈吐、举止等。只要善于观察，就会发现你们之间的共同点。

第二，通过对话来发现共同点。比如，询问对方的籍贯，然后说说你对那个地区的认知。通过口音、言辞，观察对方的情况，可以打开交际的局面。

第三，仔细听别人的介绍。当别人做自我介绍时，要善于发现对方言辞中自己熟知的或和自己有关的信息。

第四，针对社会热点问题进行讨论。初次见面的陌生双方刚一接触时，不宜多谈个人生活的事情，但可以对眼下众所周知的社会现象、热点问题谈谈看法。如果对方不太清楚，可以给他稍做介绍。例如，最近社会上影响力较大的新闻、比较卖座的电影、正在热播的电视剧等，都可作为谈话的内容。

互惠效应：人情要讲究"收支平衡"

中国有句古话是这样说的，"礼多人不怪，礼尚要往来"。对于熟悉或是不熟识的人，彼此在打交道时，只要态度和蔼客气，对方也会同样地回报你。在人们的内心深处都有一杆公平的称，"你敬我一分，我让你三分"。

在亲朋好友之间,这种心理现象表现得最为明显,即怕欠人情债。比如,你结婚时,别人送你一千元的礼钱,下次回礼至少得拿出来一千元以上才行。在国人对人情世故特别重视的国情下,回礼往往是只能多不能少。

人们习惯尽自己的所能,来报答他人为自己所做的一切。心理学上将这种现象称为互惠原则。

在日常工作、生活与社交过程中,必须要学会使用互惠心理策略。在做出让步时要求对方给予回报,会助你争取到更多的利益。而且,这样做的效果比硬碰硬式的短兵相接要好得多。

玩过跷跷板的朋友都知道,两个人分别坐在长板的两端,你用力压一下,对方就翘起来;对方再用力向下压,你就可以翘起来。处在上方是很兴奋的感觉,可是,如果游戏的双方都自私地不肯向下压,游戏只能停止,将无法再继续下去。只有双方不断轮流地用力向下压,才能交替地享受到游戏的乐趣。处在上方固然是开心的,其实,向下压的过程又何尝不是一种享受?

学会助人一臂之力,互惠互利才能皆大欢喜,这就是从日常生活中得出的跷跷板互惠原则。帮助别人在表面上看起来是放弃了自己所拥有的,可是给予本身就是一种快乐。在给予中,不知不觉地使别人身上的某些东西得到新生,这种新生的东西又给自己带来了新的希望。在真诚的给予中,你往往会无意中收到别人给你的报答和回赠。最终,大家如愿以偿地得到了共同的快乐。

1. 帮助别人,会带来快乐

商业大亨乔治一生事业得意,富可敌国。在追名逐利中,乔治了解到"人不为己,天诛地灭"才是最实用的格言,深谙"厚黑学"才是成功的不二法门。保持优势,击倒对手,不给任何人以机会,乔治就是这么做的。

第八章 情感商数：人际中的处理能力

最近乔治感到莫名的惆怅，那种似有似无的空虚折磨着他坚强的神经。站在人生的巅峰，乔治发现自己的生活仿佛少了些什么。很明显，乔治患上了抑郁症。

咨询医师给了他最简单的药方："每天去帮助一个身边的人。"乔治听了医嘱，颇为诧异，但还是决定试一试。一个疗程很快就结束了，乔治再次回到诊所。这一次他变得容光焕发，精神喜人。

帮助别人看似牺牲，看似吃亏，而实际上在帮助别人的同时，自己也收获了快乐。一个永远不吃亏、不愿给予的人，即使真得到了不少好处，也不会快乐。因为自私的人如同坐在一个静止的跷跷板顶端，虽然维持了高高在上的优势位置，但却失去了整个人际互动带来的乐趣，对自己和对方来说都是一种遗憾。

2. 互助互惠，会让你更好地生存

两个饥肠辘辘跋涉于路途的人得到了上帝的恩赐：一个鱼竿和一篓鲜鱼。一个人获得了鱼竿，另一个人独享鲜鱼。分配好赏赐后，他们分道扬镳。得到鲜鱼的人迫不及待地开始烹鱼，在一顿饕餮之后，继续上路，但是已经没有了食物，最终饿死于路边。得到鱼竿的人向海边走去，因为天高路远，一路上没有食物充饥，他最终倒在了路上。

过了几年，又有两个人再次踏上征途。同样地，他们也得到了上帝的恩赐：鱼竿与鲜鱼。这两个人并没有因为利益的分配结束而分手，相反，他们决定共同去寻找大海。在路上，他们约定好一次只吃一条鱼。在吃完最后一条鱼时，蔚蓝色的大海终于出现在山的那一头。他们飞奔到海边，用鱼竿钓起第一条鱼，从此过上了与海相伴的富足生活。

不懂分享的人总是与短视相伴。虽然明知道路途漫漫，他们却只看得到眼前的芝麻，结果必定会丢掉日后的西瓜。为了利益而分道扬镳是最要不得的愚蠢。

只有结识更多的好伙伴，懂得与人分享，取长补短，才能在漫漫人生路上走得更远，才是真正高情商的表现。每一个单独的个体在自然面前都是无力的，只有联合起来，互惠互利，才能够以集体的力量共同战胜未知的困难。

模仿效应：见贤思齐，但不要攀比

孔子曾说，"见贤思齐焉，见不贤而内自省也"。古人云，"近朱者赤，近墨者黑"。这两句话都告诉我们，接近好人可以使人变好，接近坏人可以使人变坏。人与人之间是相互联系且相互影响的，你身上的某些优秀品质可能影响到周围的人，你也可能沾染上他人身上不好的品性和习气。

因此，一定要有意识地多结交一些有潜力的或者比自己优秀的朋友。当你周围都是一些优秀的人时，自身也会不自觉地向他们看齐，从他们身上学习到一些自己所不具备的优点，这就是所谓的"见贤思齐"。不仅如此，在你遇到困难时，你结交的这些优秀朋友也会给你提供有用的建议和帮助，为你出谋划策，帮助你渡过难关。

战场上，硝烟四起，天昏地暗，血肉横飞。虽然这场激烈的战争已经打得士兵们溃不成军，但一直在前方冲锋陷阵的将军却惊讶地发现，从战争开始到现在，一个小士兵始终都跟在自己左右，英勇顽强地对抗着敌军，面无惧色。

战争结束后，将军吩咐下属把那个小士兵叫到自己跟前，他赞赏地对小士兵说："年轻人，你非常勇敢。在整场战争中，你是唯一一个坚定地跟在我左右的人，在与敌人的对抗上，你英勇无比，没有任何却步。你怎么会有这么大的勇气呢？"

小士兵听后毫不犹疑地回答道："报告将军，我的勇气都是从您那里得来的。"

小士兵的话让将军感到很纳闷，问道："哦？可是我从来没有鼓励过你啊。"

"是的，您确实从来没有鼓励过我，也从未和我说过话。但我一直记得离家前父亲对我说的话，他告诫我在打仗时，要紧紧地跟着将军。这样将军的气势能感染到我，有一天我也终会成为将军。"

小士兵父亲的话不无道理，能够当上将军的人，必然是足智多谋、英勇善战的人。经常和将军在一起，将军身上的特质也会影响到自己。所以，如果有志当将军，就应该多和将军为伍，向将军看齐。

把优秀的人作为自己学习的榜样，是取得事业成功的重要因素。否则，一个人即使有取得成功的潜质，也会因为不善于向他人学习而走向失败。也许我们在某一方面比别人强，但通常来讲，别人身上也会有你所不具备的东西。所以，要想让自己取得更大的进步，就应该将自己的注意力放在他人的强项上。只有这样，才能看到自己的肤浅与无知。

著名美国银行家阿瑟·华卡的成功，得益于他少年时的一次经历。

有一天，华卡无意间在当地的一本杂志上读到了大实业家威廉·亚斯达的故事。看到亚斯达的成功，华卡既羡慕又无比崇敬，而且很希望见到他，希望自己将来也能成为他那样的人。

一个偶然的机会，华卡终于见到了偶像亚斯达。华卡向亚斯达询问赚钱的秘诀是什么。亚斯达对他说："只要多结交比自己更优秀的人，就有成功的那一天。"

虽然只是短短的一句话，但华卡却一直铭记在心，并且一直实践着这一基本信条。在此后不到5年的时间里，华卡终于如愿以偿地实现了自己的梦想，成为一名银行家。

后来，有个年轻人向华卡讨教成功的经验，华卡于是把亚斯达当初告诉他的那句话换了个说法，他说："我希望你常向比你优秀的人学习，这对做学问或做人都是有益的。"

任何一个人都有可能是某个领域的专家，必须保持足够的谦虚，它会让我们看到自己的短处，促使我们不断取得进步。老子说："水善利万物而不争，处众人之所恶，故几于道。"这句话旨在表明，水总是居于最低下之处，它的谦卑本色让人叹服。或许很多人觉得显现出那股指点江山、意气风发的劲头，是一种潇洒的表现。殊不知，那样做在学生时代或许会突出自己的个性，也被多数人认同。但是海之所以能够纳百川，是因为海把自己放得很低。

古人云，"三人行，必有我师"。身边的每个人，哪怕是自己的同行对手，都有许多值得学习借鉴的东西。只要将这些长处、优点吸取过来，就能少走弯路。

英国作家萧伯纳说："两个人各自拿着一个苹果，互相交换，每人仍然只有一个苹果；两个人各自拥有一个思想，互相交换，每个人就拥有两个思想。"一个人可以凭着自身的能力取得一定的成就，但如果将个人的能力与别人的能力结合起来，就会把工作做得更好、更完美。

在现代信息时代，一个人掌握的知识往往只能够保证基本生存的需要，而一个人只有不断地获得新的智慧，才能够提升生活和工作的质量。因此，最大限度地获得新的智慧，是解决问题、实现目标、适应新时代发展需求的关键所在。而善于学习别人的长处和经验，则是获得高爱商的有效途径。

学习别人的长处不仅是提升智慧的有效途径，也是一门艺术。实践证明，向别人学习，必须树立正确的学习理念，这样才能学得自觉，学得长久。

一方面，应该确立虚心好学的思想。谁有"真经"就向谁学，不管是远的还是近的，不管是熟悉的还是陌生的，总之，学习应该扩大范围，延伸触角。同时，学习形式应该多样化，可以是电话咨询，可以是网上交流，也可以是当面请教等。只要肯学习，总会有收获。

另一方面，要善于向别人学习。所谓"善于"，就是掌握最佳的学习方法，具备一定的学习能力。要学贵有诚，学贵用功。学贵在深，学贵在用，要把别人好的经验、好的方法经过分析消化，提炼成为对自己有用的东西，绝不能死搬硬套。在现实生活工作中，要多看看别人的长处，查找和认识自己的不足，通过学习他人的长处，触类旁通，将其灵活运用于本职工作和实际生活中，有效地解决实际问题，这样才能真正获得智慧和真谛。

破窗效应：把不良现象"扼杀在摇篮里"

破窗效应（Broken windows theory）是犯罪学的一个理论，该理论由詹姆士·威尔逊（James Q. Wilson）及乔治·凯林（George L. Kelling）提出，并刊于 *The Atlantic Monthly* 1982年3月版的一篇题为"Broken Windows"的文章中。此理论认为，环境中的不良现象如果被放任存在，会诱使人们仿效，甚至变本加厉。

美国斯坦福大学心理学家菲利普·津巴多(Philip Zimbardo)于1969年进行了一项实验：

他找来两辆一模一样的汽车，其中一辆停在加州帕洛阿尔托的中产阶级社区，另一辆停在相对杂乱的纽约布朗克斯区。他把停在布朗克斯的那辆车的车牌摘掉，顶棚打开，结果当天就被偷走了。而放在帕洛阿尔托的那一辆同样摘掉车牌、打开顶棚的车却完好无损，一个星期都没有被破坏或者被偷。后来，津巴多用锤子把那辆车的玻璃敲了个大洞。结果，仅仅过了几个小时，它就不见了。

以这项实验为基础，政治学家威尔逊和犯罪学家凯琳提出了"破窗效应"理论，认为：如果有人打坏了一幢建筑物的窗户玻璃，而这扇窗户又得不到及时的维修，别人就可能受到某些示范性的纵容去打烂更多的窗户。久而久之，这些破窗户就给人造成一种无序的感觉，结果在这种公众麻木不仁的氛围中，犯罪就会滋生、猖獗。

"第一扇破窗"常常就是事情恶化的起点与根源。

美国有一家规模一般的公司，对待员工很宽容，极少炒员工鱿鱼。

一天中午，资深车工凯西正在切割台上工作，看到周围无人，便将切割刀前的防护挡板卸下来放在一旁。没有防护挡板，凯西收取加工零件会更方便、快捷一些，但他这样做却埋下了极大的安全隐患。

他的举动被走进车间巡视的主管看到。老板通知凯西去他的办公室。他对凯西说："作为老员工，你应该明白安全对于公司意味着什么。如果你今天少完成一些工作，公司可以安排其他员工进行弥补。但是，一旦发生了安全事故，损伤了自己的身体，公司永远也弥补不了。你严重违反了操作规程，公司只能请你离开。"离开公司那天，凯西泪流满面。

违反企业的制度，如果没有得到相应的惩戒，就会有更多的员工去违反。久而久之，企业的制度就如同一纸空文，企业所宣导的理念和精神也会在顷刻间荡然无存。相反，企业在管理中，如果能从一些重要的"小事"入手，企业的整体形象就会得到较大的改观。

在日本企业，有一种质量管理活动叫作"红牌作战"。企业将象征着警示意义的"红牌"贴在一些有油渍、不洁净的设备上，以及一些藏污纳垢的室内死角里。一旦员工看见红色警示牌后，就要立即清洗、打扫干净，营造出干净舒爽的工作环境。在这种良好环境的暗示下，员工都能心情愉悦地投入到工作中，不再忽视工作中的小纰漏。

"千里之堤，溃于蚁穴。"生活中经常会出现一些被人忽视的小问题，

第八章 情感商数：人际中的处理能力

如果不及时处理，很可能会带来无法弥补的损失；相反，如果能够及时补救一些根源性的问题，就能遏制错误的蔓延，解决一些实际的问题。

感染效应：负面情绪容易大面积传染

别人没有义务去帮你消化那些负能量。

琳达觉得男友不懂她。琳达知道是自己太任性，知道男友也很无奈，但还是会因为这样那样的原因导致小情绪泛滥，然后控制不住自己的脾气。那些与男友吵架的细节，在她看来其实都是些小事。她特别不能理解自己作为一个姑娘，怎么会整天为一些鸡毛蒜皮的小事生气呢！

因为年轻，在感情上没经验，不知道与恋人如何相处，这是可以理解的。但学会控制情绪是自己的事，没有人有义务帮你去消化那些负能量。和你一样，其他人也只是想找个地方发泄不满。所以，没有人喜欢充满负能量的人。

大学同学杜晓上学那会儿人挺不错，虽然啰唆，爱抱怨，但待人真诚，乐于助人。跟她相处很轻松，所以舍友都能接受她的那些唠唠叨叨。毕业后，大家天各一方，但还是时常保持联系。

工作后的杜晓一直不是很顺遂，换了几份工作，但没有一份工作是称心如意的，例如同事都不和善，工作氛围也不好。她把所有问题都放大了，整天唉声叹气，情绪始终不得平静。最后，杜晓和办公室同事发生了争执，被所有人排挤。过了没多久，她就辞职了。

其实，杜晓是一个很有雄心抱负的人，也算小有才华。她什么都好，就是爱计较，爱纠结，整天把自己陷在负面情绪里，出都出不来。每次找人聊天，她都是一副苦大仇深的样子，朋友们当然都受不了。

人们都不喜欢满满负能量的人。病恹恹的人总会给人一种 loser 的感觉，总是把不顺心的事放在心里，跟自己过不去，跟身边的人过不去，最终使得没有人愿意接近他们。

浑身散发着负能量的人只会消耗掉你身上的温度，汲取你的养分，让你也产生坏情绪。人生已经够艰难，还要被别人的艰难所影响，光想想都觉得累。

没有人愿意接触悲伤、易怒、抑郁的人。因为人的身体就像一块磁场，当别人与你接近就能感受到一些信号，当接受这种负能量情绪时，他们一定会马上与你疏远。因为所有人都喜欢接触积极、乐观、正能量的人。

如果有一天从家出发去上班，家里有点事闹得心情不太愉快，到了公司后也还是一脸不乐意的表情，正好碰到同事跟自己打招呼，你可能因为心情不好所以没搭理同事。过后，同事会很郁闷，以为是自己哪里得罪了你。就这样，你不仅把不良情绪带给了自己，也影响了同事。

如果你在外地上学或工作，在学校或公司因为人或事闹得不愉快、郁闷，然后给父母打电话。在电话里，你抱怨自己的不满、不甘心，净是牢骚话。你发完牢骚了，电话对面的父母却始终在为你担心。因为离得太远，他们不可能马上来到你身边，为你解决问题，只能在家为你担心，胡思乱想。最终，你还得靠着自己解决问题，而你的不良情绪只能带给自己坏心情，同时也影响到了家人的好心情。

每个人都愿意看到笑脸。生活中哪怕是一个微笑、一种善行、一句好话，都会给别人带来一丝丝快乐。要想高爱商，就要抛开坏的情绪，装满好的情绪。虽然不能给别人的生活带来阳光，但能通过自己的好情绪、面部的微笑去感染身边的人。

第八章 情感商数：人际中的处理能力

交往适度效应：不能对人"好"过度

"交往适度定律"告诉我们，对别人过分的好，反而不利于和对方的交往。

下面分享一个小故事：

每次去吃饭，甜子都是抢着去买单，她就怕朋友说自己不大方，不上路。甜子认为买单不是钱的问题，而是因为她把朋友之间的友谊看得很重要。如今，甜子的老公破产了，朋友没了，单也省了，她不得不缩小自己的朋友圈子，因为生活会告诉她什么是现实。

交朋友不要和金钱联系太过紧密，首先，要互不相求；其次，想着不要沾别人的光；最后，君子之交淡如水。这样能保持下去的才是真朋友，一生哪怕只有一个这样的朋友，也是值得的。

有些人知道知恩图报，有些人只会忘恩负义。对于那些好吃懒做、不懂得感恩、老想着让别人请客的人，还是不要可怜他们。要和勤劳善良、热情大方、遵纪守法、知恩图报、诚实守信的人交朋友，千万不要和好吃懒做、挑剔小气的人交朋友。

不要去当一个过度大方的人，不要让自己"穷大方"。所谓的"喂狗不能太饱，对人不能太好"，说的就是这个道理。

对于一个有劳动能力、理智健全的人来说，独立和付出是个性成长的需要。人际交往中如不能满足这种需要，这种关系维持起来就比较困难。心理学家霍曼斯曾提出，人与人的交往本质上是一种社会交换。这种交换同市场上的商品交换所遵循的原则一样，就是人们希望在交往中得到的不少于所付出的。但是，如果得到的大于付出，也会让人心理失去平衡，使人感到无法回报或没有机会回报，而在心理上产生愧疚感。

初入社交圈的人容易犯一个错误，就是"好事一次做尽"，以为自己全心全意为对方做事，会使关系更融洽、密切，而事实恰恰相反。因此，在人际交往中，对待别人要留有余地，最好不要把好事一次做尽，或者要给对方回报的机会。

对对方过分的好，还可能使对方对这种恩情感到麻木，而一旦达不到原来的标准，反而可能引起对方的不满。古话说，"一斗米养个恩人，一石米养个仇人"，说的就是这个道理。就像任何事情都要以适度为好，过犹不及，在人际交往中对别人好也需要适度。

在家庭教育中，父母对子女同样不能溺爱和娇惯，以免孩子对父母的爱和付出不懂感激。

夫妻之间如果只知付出，不求回报，也会让对方变得习以为常，不懂珍惜。

朋友之间，一方对另一方长期地给予无私帮助，可能会让双方的关系失衡，最后反目成仇。

能够在关心中提出批评性的建议，并在建议中充满了鼓励、赞扬、支持的态度，这种批评不仅不会伤害感情，不会伤害自尊心，还能激发他人向善的心，使他人的积极性始终维持在良好的行为上。

同时，你对别人过分好，容易让别人觉得你心太软，不怕你，对你无所忌惮。生活中并不是所有人都是善良之辈，让自己有点威严，可以更好地保护自己，也让自己更有影响力。总是对别人太好，会让人觉得你善良而软弱，使人总想利用你。

第八章 情感商数：人际中的处理能力

不完美效应：你不会让所有人都感到舒服

小李是某家大型外资企业的职员，能力超群，为公司赢得了很多客户，获得了巨大利润。可是，让人感到不解的是，他在同事中并不受欢迎，很多人都有意无意地躲避他，甚至还有人私底下挖苦他，叫他"机器人"。他在公司里没有一个朋友，经常独来独往，很寂寞，他不明白别人为什么要这样对待他。

一天晚上，苦闷的小李独自到酒吧喝得酩酊大醉。第二天睡过了头，他急匆匆赶到公司时已经迟到了一个多小时。他以为老板会因此责怪他，同事会瞧不起他，他甚至做好了辞职的准备。可是，令他惊奇的是，老板不但没有责备他，反而对他大加赞赏，同事也从此开始对他笑脸相迎。他不知道，他的无心之过帮助了他，使他在人们心目中的形象丰满起来，变成了有血有肉的人，而不再是"机器人"。

生活中有很多这样的例子：在各方面都表现优秀、近似于完美无缺的人，往往在人际交往中不太讨人喜欢；那些虽然很优秀，却偶尔犯小错误的人却深受人们的青睐。这种现象在心理学上被称为"犯错误效应"，即小小的错误反而会使有才能者的人际吸引力提高，白璧微瑕比洁白无瑕更令人喜爱。

社会心理学家阿伦森设计了这样的实验：

在一个竞争激烈的演讲会上，有四位选手：两位才能出众，几乎不相上下；两位才能平庸。才能出众的选手中有一位不小心打翻了桌上的咖啡，而才能平庸的选手中也有一位打翻了咖啡。实验结果表明：才能出众而犯了小错误的人被视为最有吸引力；才能出众而未犯错误的人吸引力居第二位；才能平庸而犯同样错误的人最缺乏吸引力。

心理学上对犯错误效应提出了两种解释。通常，人们都喜欢结识一些品行和能力都很优秀的人，如果他们表现得过于完美，没有一丝瑕疵，又会给人一种不真实的感觉。人们对于这样的形象不是真正地接纳和喜欢，而是一种保持距离的敬而远之。

肯尼迪年轻、英俊、潇洒、诙谐，富有魅力，行动敏捷，是个求知欲很强且非常杰出的政治家、战争英雄……他有一位漂亮的妻子、两个惹人喜爱的孩子，他们共同组成了一个亲密团结的家庭。一些难免的错误可能使他在民众中更人性化，因而更可爱。1961年，美国总统肯尼迪试图在猪湾侵入古巴，结果计划惨遭失败。消息传来，全国一片哗然。令人大感不解的是，"猪湾事件"非但没有使肯尼迪的声望降低，相反，他的声望却大大提高了。

通常情况下，人们都喜欢有才能的人，因为才能与被喜欢程度是呈正比例关系的。但是，大多数人都不喜欢充当"绿叶"的角色，如果对方能力超群，所有的鲜花与掌声都是给他的，自己跟他站在一起，只能衬托他的"威仪"，显示自己的卑微。时间久了，换作谁都不会喜欢这样一个时刻提醒自己无能和低劣的对象。相反，一个犯小错误的能力出众者则降低了这种压力，缩小了双方的心理距离，保护了他人的自尊，因而能够赢得更多人的喜爱。

"水至清则无鱼，人至察则无徒。"完美的人并不招人喜欢，"断臂的维纳斯"则更富有魅力。如果你是一个强者，不要过于追求"锦上添花"，适当地示弱，适度地暴露一些瑕疵，反而会赢得更多的掌声。

第八章 情感商数：人际中的处理能力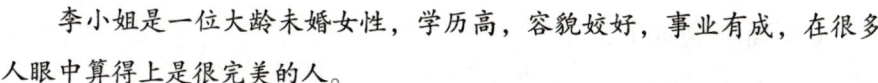

李小姐是一位大龄未婚女性，学历高，容貌姣好，事业有成，在很多人眼中算得上是很完美的人。

李小姐对自己另一半的要求很高，既要外形帅气、阔绰多金，又要家世优越、有品位，对方稍微有点缺点癖好，就觉得不能接受。抱着这种宁缺毋滥的观点，眼见身边远远不如自己的女友都走进婚姻的殿堂，而自己快到四十岁了，还是孑然一身。为此她感到很困惑：自己这样完美的女子，怎么就遇不到优秀的男人呢？

其实，正是她的这种"完美"吓跑了一大批的追求者。很多没有她优秀的男士，害怕她的光彩让自己黯然失色，只好对她望而却步，彻底打消了追求她的念头。

当然，并不是说一个人犯的错误越多，越能增加魅力，"犯错误效应"的产生是有条件的。犯错误者应该是那些具有非凡才能的人，而且会偶然地犯一些无伤大雅的小错误；如果是能力平庸的人犯错误，反而会让人更加厌恶。另外，"犯错误效应"的产生存在一定的性别差异。研究表明，男性更喜欢犯过错误但能力非凡的女性，女性往往喜欢没有犯过错误但能力非凡的人，而不考虑对方是男性还是女性。

因此，在人际交往中，若想让别人喜欢自己，就不要苛求完美无缺。在修炼自身能力、努力成为一个强者的同时，偶尔犯下一些可以被人谅解的小错误，容易让身边人产生亲近感，为你赢来好人缘。

有人说："真正的强者，都是含着泪水奔跑的。"那些敢于接受自己不完美的人，才是真正的强者。戴着面具生活，害怕别人发现自己的不完美，一味扮演强者的角色，很容易失去生活的平衡，甚至看不清自己。

【爱商小测试】

你的人际关系如何？

1. 朋友买了一件昂贵的衣服，穿起来效果一般，但又无法退换，他让你谈谈看法，你会怎么回答？（　）

　　A. 说实在的，真不合适…………转第 2 题

　　B. 换个角度来说，你穿起来还是挺好看的…………转第 3 题

　　C. 衣服挺漂亮的…………转第 4 题

2. 一些口头禅会出现在你的生活中吗？比如说，"太没意思""好无聊""真无趣"等。（　）

　　A. 基本没有…………转第 3 题

　　B. 很少会有…………转第 4 题

　　C. 最近常说…………转第 5 题

3. 你能记住多少人的生日？包括自己的。（　）

　　A. 1 个人…………转第 5 题

　　B. 3 个人…………转第 4 题

　　C. 3 个人以上…………转第 4 题

4. 跟关系一般的人聊天，下面哪种场景最与你相符？（　）

　　A. 与他聊得还算投入，暂时把其他事情搁置…………答案为 B

　　B. 不时地看着手机，心里想着其他事情…………答案为 D

　　C. 不能确定，要看具体的人…………转第 5 题

5. 你答应别人的事情，常常会没有结果而告终吗？（　）

　　A. 不会，答应就要做到…………答案为 D

　　B. 会的，答应与做到是两码事…………答案为 C

　　C. 偶尔会有…………答案为 A

评测结果：

A. 与身边人相处时,你似乎不够圆滑,总会因为讲太多实话而让别人不高兴,但是没办法,你的性格决定你说话时不会拐弯抹角。面对稍微有些困难的事情时,你总是拿不定主意,总会采取折中的方法或简单粗暴的方式。

B. 在生活中,你擅长表达,懂得关注别人,也知道如何充分尊重每一个人。朋友与你相处非常轻松而快乐,所以你有交心的朋友,你们在一起相处很愉快,也能相互帮助、共同提高。

C. 在别人眼里,你可能是一个缺乏生活情调的人。你没有自己的兴趣爱好,感觉很茫然,情绪悲观。随着时间的推移,你感觉周边的人没有几个值得信任的,变得越发敏感,更关注自己的内心世界,显得略为孤僻。

D. 你做人讲究"诚信",在朋友的心目中一字千金,他们信任你,你也很够义气;虽然你的耐性略显不足,但为人坦荡,能够获得他人的理解。

第九章 爱心商数：每个生命都需要爱与被爱

谁都需要爱，不管他是上帝还是魔鬼。每个人都渴望爱与被爱，大多数人也有过爱与被爱的经历。但是，对于多数人而言，关系越亲密，我们就越渴望将自己的意志强加到对方的身上。那时，我们就是在摧毁对方的真实存在。

爱不一定需要回报，但一定需要回应

只有让爱人感觉到他的付出是值得的，是被你需要的、被你称赞的，他才愿意继续在这段感情里付出更多东西，包括时间、心力、金钱等。没有人愿意把自己的好拿去对一个冷若冰霜、毫不在意的人。人与人之间的关系是相互的，也许他付出的东西不是你最想要的，甚至还会有不足的地方，但为爱付出首先就是一件值得肯定和感谢的事。

F姐一直是个家庭主妇，老公负责挣钱养家，她负责相夫教子。本来日子平平淡淡地过着，细水长流般的平静和幸福，但最近几年他们的感情出现了危机，不是因为他在外花心，也不是因为她变成了邋里邋遢的黄脸婆，而是因为彼此之间再也找不到爱的感觉。

老公最爱吃芋头烧鸭，但她偏偏是过敏性皮肤，每次在给芋头去皮时，总是不小心把芋头的黏液沾在手上，每次双手都发红发痒，还要起水泡。可即使如此，她总是忍着痛和痒，每周都给他做一次芋头烧鸭。可老公似乎不太领情，每次回到家拿起碗筷，不是嫌味道不够好，就是嫌辣椒放得少，更有时候，他尝了一块，就不吃了。

F姐不开心地说："我特意为你做的，你看看我的手。"他每次都立刻回击道："我又没逼你做，不好吃还非要我吃啊。"然后两个人就开始冷战，都觉得对方不可理喻，一件小事也可以闹得乌烟瘴气。

其实，F姐不是在乎他是否要吃完这道菜，而是在乎他对她的态度。当一个人用心地为你做一件事时，她想要得到的就是你乐意接受的回应，

第九章 爱心商数：每个生命都需要爱与被爱

而不希望你总是一味地指责。

有人说夫妻在一起相处久了以后，就会像左手摸右手，再也没了恋爱时的感觉。其实并不是没有感觉，而是你不懂得回应对方对你的付出，他为你做什么，你都觉得理所当然，还专挑毛病，找漏洞。时间久了，当付出的人得不到应该有的爱的回应，彼此的感情就会变得平淡寡味甚至心生埋怨。

女人需要爱的回应，如果觉得自己的付出得不到爱人的鼓励和认可，当爱人渐渐疏于表达应该有的回应时，她就会慢慢变得灰心和失望，就会感觉付出没有多大意义。

有一对夫妻，相处20年，感情一直如初。他们是怎么做到的呢？

妻子闲着时，特别喜欢纳鞋垫和织毛衣给丈夫用。其实，如今穿这样的手工制品显得有些俗气，还有点不太顺应潮流的感觉。有一次，他告诉她："不用帮我做这些了。出点钱就可以买的东西，为什么非要花精力亲自去做呢？既伤眼睛，也费时间。"可她说："自己做的给你穿，会感觉比买的更温暖，更有情意。"

于是，老公就不再阻止妻子，即使不喜欢这样的东西，也没完全求之高阁。而是选择恰当的时间穿着，例如周末在家时偶尔穿穿。因为这一针一线代表的是情，是爱，是她想要给他的、力所能及的关心。

而妻子呢，平常更是对丈夫毫不吝啬地表达夸赞。他把菜做煳了，她不会一个劲儿地抱怨他，因为她知道这道菜是他专为她做的。他衣服没洗干净，她也不责骂他，反而感谢老公这么体贴和勤快。他打扫卫生从来都不够洁净，灰尘满地，但她从未说过伤人的话批评他。

从这对夫妻身上可以看到，对一个人的好、对一个人的付出，并不是要求他要用同样的方式回报，而是想在有所付出时，他给予我们及时且暖心的回应。

很多人说，两个人相处久了以后，对彼此太过了解，他对你做的任何事情都激不起你心底的浪花。很多人说，爱情只是在初期时才需要给予彼此爱的表达和回应。很多人还说，都是"老来伴儿"了，根本不用讲这些仪式和套路。

其实，打败爱情的，常常就是你对爱的麻木和不表达、不倾诉、不回应的态度。

在爱情里，一个人对另外一个人的付出并不是像做生意那样想要得到回报。他为你所付出的真的不是希望你也同样回馈他同等"物质价位"的东西，而是想要得到你同等"心理价位"的回应。你要发自真心地感受到他对你的好，也要将你的这份爱意表达出来，让他知道，原来他的付出，你是这么喜欢和在乎。

很多分手的人，总是说对不值得的人付出了不值得的情感，其实这样的不值得，并不是说他们真的吝啬和计较这些物质和精神上的付出，而是在乎所爱的人对他们的付出没做出相应的回应。

在感情里，无论是热恋中的新婚宴尔，还是平淡里的老夫老妻，都需要对对方的付出表达爱意和关心，同时，也需要给予付出方相应的、及时的、积极的爱的回应。

彼此付出，彼此回应，彼此珍惜，彼此包容，才是保持爱情最持久的秘籍。爱不一定需要回报，但一定需要回应，因为对爱最好的回报就是彼此回应。

我们会对陌生人施爱却忽视身边人

在网络上曾看到过这样一则故事：

母亲节到了，高一班主任问班上的学生，有谁知道母亲的生日的，请举手？结果几乎三分之一的学生没有举手。

看到这则故事时不禁哑然,孩子已经上高一了,居然还不知道妈妈的生日。由此推而广之,可能不知道爸爸生日的孩子也有很多。忘记或根本不知道父母的生日,是从未意识到的过错;同样,每年我们都会记住自己的生日,也是在不知不觉间就做到的。从这件事可以看出,对于自己最亲的父母连最起码的在意都没有,对别人又谈何而论?

懂得关爱自己身边的人,是一种幸福,因为当你看到被你关爱的人变得开心快乐时,你会觉得自己也很幸福。

关爱是相互的,就像一面镜子,你对它笑,它也会对你笑;你对它哭,它也会对你哭;你把它擦得干干净净,它就会照出你的美丽来;你把它弄得肮脏不堪,它也会把你照得丑陋无比。

世界需要关爱,就像羔羊需要母羊的奶水,就像大旱的禾苗需要甘霖,就像在沙漠中行走的人需要一捧清泉。如果人与人之间老死不相往来,世界会是什么样子?恐怕这个世界会变得冷漠,毫无生气。

"关爱"其实很简单,例如老人过马路时你帮忙扶一下;小朋友与妈妈走散了,帮忙找一下或与警察联系。这样简单的事情,不过是举手之劳,又何必装作看不见?

"关爱"就是用心去关心,用爱去呵护。它是神圣的字语,容不得半点虚假与伪装,同时,它又是那样容易做到,不需要你上刀山下火海,只需要你用一颗富有爱的心去真诚对待。

所以请从今天开始,从现在开始,抬抬你的手,不要感到这很费力,关爱身边的每一个人,把关爱送出去。

爱给予受施的人,施与的人同样得到了爱

爱,在每个人的脑海里都有不同的定义。

爱是一份承诺，也是一种责任。在爱的世界里，很多人都在想这样一个问题：到底谁爱谁更多一点？其实，在有爱的家庭或社会中，这些都并不重要，重要的是，施与者与受施者都是快乐的、幸福的。

在你给他人施与爱的时候，你也会得到同样的爱。给予和获得同样重要!

1. 爱的传递需要两个人

什么是爱？在物欲横流的今天，很多人都认为爱已经飘到了遥远的地方；有些人甚至给爱重新下了定义，改变了对待爱的看法和态度，因为我们都是普通人，经不起岁月的洗礼，更经不起时间的考验。

人们常说，爱是辛苦的，被爱才是幸福的。因此，很多人都不想主动施与爱，只想被动地接受，要等他人给予。须知，爱与被爱有着微妙的关系，在你友好地对待对方的时候，在你为对方提供帮助的时候，在你关爱他人的时候，对方也会友好地对待你，也会主动帮助你，更会关爱你。爱，是对等的，爱更是相互的，你既是爱的施与者，更是爱的接受者。

2. 有付出就有收获

爱需要有人去主动付出，爱一个人虽然很累，却会收获幸福。爱一个人所承受的压力比被爱的人要大得多，而最终的判决权往往掌握在被爱的那一方。爱一个人异常不容易，在爱的世界里没有谁对谁错，只有得到或失去，拥有或错过。无论是爱还是被爱，都应该珍惜对方的付出。无论这份爱多平淡，或多浪漫，都应该无怨无悔地做出选择。爱商高的人，多半都会珍惜眼前，绝不会追求虚幻的、不现实的爱。

3. 幸福就是陪伴

爱与被爱，哪个更幸福？在爱的世界里，爱与被爱是同样幸福的。感情需要培养，所以爱与被爱的关系也会随着时间而转变。爱需要缘分，这缘分并不是偶然，也不是必然，而是两个人真心交往的结果。感觉舒服，就多相处；反之，就尽早远离。只给予爱，而不懂接受爱；只给予爱，而不懂享受施与的快乐，只能让自己受到伤害。所以，在爱的世界里，施与者在付出的时候，也能收获同样的爱；当对方觉得幸福的时候，你也会感到莫大的幸福。

4. 爱与被爱是平等的

如果想被他人爱，首先就要学会怎么去爱别人，如此才能真正体会到

第九章 爱心商数：每个生命都需要爱与被爱

爱一个人的滋味，才能被对方感动，真正做到彼此相爱。两个人相处的时间久了，就会存在双方付出多少的问题，然而根本就无法确定谁爱谁更多一点，因为爱随时可能会演变成一种亲情。当亲情融入到爱中时，两个人就会出现更多的问题，解决不好，就会出现裂痕；将问题解决了，才能得到令人满意的结局。爱与被爱都是平等的，前提是要有耐心、诚心和真心。

5.掌握爱的主动权

爱与被爱的区别很大。很多人都希望两者能并存，现实却不会让人们去随意安排，从来都是爱的人挽留被爱的人，伤得最深的也是爱的施与者，而不是受施者。

爱与被爱很容易区分，就是一个主动一个被动。矛盾的是，当出现裂痕时，主动权往往都掌握在受施者手中。其实，这并不重要。重要的是，既然两个人能够相遇，就要彼此珍惜。不想伤害对方或伤害自己，就要一心一意地与对方交往。

6.让时间来证明

爱是一种付出，被爱是一种收获，不管是付出还是收获，最终的目的都是要跟对方和谐相处。在爱的过程中，无论自己是爱的施与者，还是爱的受施者，都应该懂得去珍惜。两者之间虽然有很大的区别，但只要能做到互相体谅，多些理解，相信总有一天，对方会被你感动，你会收到满满的幸福。记住：有付出就有收获，有耐心就有所得，这只是个时间早或晚的问题而已。

爱最怕沉默，需要去付诸行动

爱是什么？爱首先是个动词，需要行动。

著名作家毕淑敏说："爱怕沉默……爱需要行动，但爱绝不仅仅是行动,或者说语言和温情的流露,也是行动不可或缺的部分。"记住他的生日,吃一顿烛光晚餐,在一起散散步、逛逛街、聊聊天。其实,一杯热茶、一个关切的眼神、一句温暖的话,都会给彼此带来感动。夫妻之间所需要的关爱,有时就是这么一点点。

孩子是生命的延续。在他们成长的过程中,要多一点耐心,多一点包容。既要不断雕琢,也不能矫枉过正。既要给予他们保护,也要学会适当地放手。

对子女、对爱人,我们通常都会做得很多。但对父母的爱,则常常容易被忽视。很多独生子女家庭里,一旦子女去外地工作,父母就会感到非常孤寂。幼时,我们是他们的尾巴;现在,我们要学习做他们的拐杖。

在生活的城市里,如果你有一处房子,一定要记得留一个房间给他们,经常把他们接来身边,多听听他们的絮叨。现在的絮叨,以后也许会觉得是最动听的天籁。如果没法接到身边,那就常回家看看。

生日时,不管是父母的生日,还是你的生日,都记得打个电话回家。如果时间允许,带个蛋糕回家,再陪着他们一起吃顿饭,让他们开心一下。跟父母唠唠嗑,不要吝于表达你的感激之情。

同时,还要爱自己。儿行千里母担忧。在大城市里打拼,千万要照顾好自己的身体,不要让他们担心。只有健康的你,才能更好地关爱和照顾父母。

第九章　爱心商数：每个生命都需要爱与被爱

【爱商小测试】

问题：跟陌生人在同一个电梯里时，你的反应如何？（　）

A. 主动和对方搭讪。

B. 保持微笑，等对方开口。

C. 面无表情，盯着电梯楼层灯。

D. 双手抱胸，头朝下看着地板。

测试结果：

选A：你的心理空间比一般人大，对人的恐惧度也较小。你会把对方当成客人一样来招待，对人的信心比较多，很适合公关。

选B：你的私人心理空间比较正常，大概是自己身体周围50厘米的圆区。你不会扩展自己的心理空间，对方如果在你熟悉的领域外，你不会去招惹对方。

选C：你的私人心理空间比较狭窄，自我防卫系统比较强烈和敏感，即使对方躲在角落，你也会觉得很不安，认为自己的安全受到威胁，会摆出一副很严肃的姿态，警告别人不要乱来。

选D：你的私人心理空间很小，很不自信，常感到不安和恐惧，喜欢把自己封闭在个人世界里。

第十章 修炼爱商：会爱别人 接纳自己

前面讲过爱商是一门科学，爱商需要修炼，经过专业的训练，我们的爱商会大大提高。生活中，这样的事情还是挺多的。有时，我们看到身边有这么"不和谐"的一对情人，脾气爱好相差颇远，却仍旧腻在一起。于是，我们难免以为这样的一对肯定长久不了。可换个角度想，相差这么大的一对还能走到一块儿，作为当事人的双方是不是都得有足够的智慧才行？

如果要爱别人，请先好好爱自己

爱是一种超越时空的力量，是一剂治愈心灵的良药。一切的爱均源于我们对自己的爱，不爱自己的人是无法真正爱别人、爱社会的。因为"我"是一切的根源，要想爱身边的一切，必须先从爱自己开始。

爱自己，从心理学角度来说，就是一个人能够愉悦地接纳自己，能无条件地接纳自己。不仅爱自己的优点和长处，也能接纳自己的缺点和短处；不仅能接受自己的成功和辉煌，也能接受自己曾经的失败和错误；不仅能接受自己关于未来的梦想，也能接受自己也许不那么尽如人意的过去。

爱自己不是自私自利、以自我为中心，而是与自己建立起一种良好关系，对自己永远不抛弃、不放弃、不摒弃。经常挑剔别人的人，也是一个在内心经常挑剔自己的人；对别人冷暴力的人，在内心对自己也往往是冷漠的。只有真正爱自己的人，才能和自己建立起支持性的、充满鼓励与理解的关系。

爱自己不是单纯让自己吃好穿好享受好，而是能发自内心地去关注、关爱自己的心灵。吃好穿好只是表层上的爱自己的表现，有的人即使外表穿着昂贵的名牌，心灵却像个乞丐一样贫穷。他们的内心似乎有个无底洞，始终觉得自己是不值得被爱、是不重要的。在人际交往中，他们可能会没有底线地付出，会压抑自己的需求跪下来爱。但即使这样，内心那个无底洞却怎么也填不满，一旦求而不得，就会极度痛苦抑郁。

爱自己也不是只爱那个被理想化了的自己，而是勇敢地面对和接纳真实的自己。很多人无法"爱自己"，因为他们不敢面对自己真正的样子。

真实的我们，要么有人性的缺点或阴暗，要么有自私或贪欲，要么有龌龊或肮脏的想法，用完美的大刀将自己劈成两半，一半是"好"的自己，一半是"不好"的自己，这只会造成一个人的自我分裂，进而失去面对现实的力量。

其实，有阳光的地方就有阴影，人性的阳面和阴影亦成正比。爱自己的人，会勇敢地承认和接受自己的"阴影"部分。

当我们真正开始爱自己时，不需要再严苛地挑自己的毛病和缺点，不需要再无休止地进行自我批判和惩罚，不需要告诉自己只有当自己达到怎样的成就和目标时，才值得被爱和获得幸福。

1. 对自己足够真诚

怎样才是对自己真诚？才是遵从于内心？真正的真诚是"改变我可以改变的，接受我改变不了的"。对于能改变的自己，我们要尽可能地去完善和优化。对于不能改变的自己，则要学会尊重和接纳，杜绝妄自菲薄。

现在这个社会，为了能活在社会的主流内，很多人选择活在自我的边缘外。面对各种各样的环境，戴上面具，无可厚非，不说可以追求利益，但至少可以做到自保。但当一个人静下来时，就会感到茫然和不知所措，因为你忘了你还有你自己。

2. 自我完善

自我完善有个不可或缺的前提，就是看清自己，看清完整的自己。而完整的自己一定包括好的自己和不好的自己。可以把好的自己继续发扬光大，在不好的自己中，选择可以改变的去改变，选择那些不能改变的去接受，这样才能真正叫作自我完善。与其费尽心思按照别人的标准和要求去活成别人喜欢的样子，不如先看看自己，再看看自己可以活成什么样子，才是真正的自我完善。

3. 自信起来

相信自己，适度就是自信，而过度就会变成自负。大部分人都会对自信的人表达喜爱和钦佩之情，但对自负的人，大家往往不愿意接近。同样，自信的自己才会更爱自己，自负的自己总会觉得自己有哪些地方不对劲，但就是不知道为什么。当然了，自信的前提一定是自知，自知就是要看清自己，知道度到底在哪儿，怎样才是适度，怎样是过度。

内心越强大，爱得才会越有力量

弱者普遍易怒如虎，且容易暴怒。强者通常平静如水，并且相对平和。一个内心不强大的人，自然内心就不会平静。内心不平静的人，处处是风浪。再小的事，都会被无限放大。内心不强大的人，心中永远缺乏安全感。

内心强大的人，很少在意他人的看法，包括熟悉的陌生人。就像积极的人很少关注消极的信息，即使看到，也自动瞬间把消极信息屏蔽或消化掉。他们很清楚自己的定位和追求，遇到了障碍，会想尽一切办法铲除；遇到了挫折，也不轻易放弃倒下。克服了困难，便拥有了力量；解决了问题，便拥有了智慧；走出了黑暗，便拥有了希望。对他们而言，这些仅仅是人生的必由之路。

真正内心强大的人，都有一颗平静的内心，有一副温柔的心肠，有一颗智慧的头脑。他们经历过狂风暴雨，体验过高山低谷，也见识过人生百态。要想高爱商，就要努力成为一个内心强大的人。

1.高度自律和自黑

不自信的人，内心往往比较脆弱。自信的人会对自己充满信心，做事往往带着积极向上的力量，并时刻充满激情。所有的盲目自信和空腹自信都是自以为是。心中要有真才实学，即使不断试错，终究能到达攀登高峰的那一天。人的自信到底从何而来？我们要如何培养自己的自信呢？

第十章 修炼爱商：会爱别人 接纳自己

高度的自信，从高度的自律而来。自律又是什么？自律就是自己管理自己，自己约束自己的能力。这是一个人很重要的能力。学会克制自己，用严格的日程表来控制生活，才能在自律中不断磨炼出自信。

自律也代表着对事情的控制能力，如果连最基本的时间都控制不了，还谈何自律？除了自律外，自黑的能力也相当重要。世界之大，什么鸟都有。等你哪一天稍微做出点成绩，很多认识或不认识的人便在背后唧唧歪歪地议论是非。从最开始的吐槽，到断章取义地论断，甚至无趣地黑你。自黑就是自己嘲笑自己，自黑是一种沟通方式，也是一种境界，更是一种另类的修养。你必须看透那些无聊恶俗的人，比他们还会擅长黑自己，待他们自知无趣后，便会羞愧退场。

2. 经历绝望

也许你还未曾绝望过，并不意味着你不坚强，但一定没有经历过绝望的人坚强。绝望可能是情感、事业抑或是无法面对的孤独等。

当绝望来临时，要坦然无惧地接受它，即使当下极其痛苦，甚至失去了自我。

在绝望中寻找希望，才是值得体验的一种人生。强大的人不是能征服什么，而是能承受什么。一些事情，只有经历过了，才能明白其中的道理。绝望并不可怕，可怕的是失去勇气和激情。

3. 培养独处的能力

孤独和独处并不是一回事，却经常会被混淆。人们往往把交往看作一种能力，而忽略了独处也是一种能力，并且在一定意义上是比交往更为重要的一种能力。如果说不擅交际是一种性格的弱点，那么不能忍耐孤独简直是一种灵魂的缺陷。要耐得住寂寞，不要总是随波逐流。

孤单是一个人的狂欢，狂欢是一群人的孤单。所谓的成熟，就是越长大，越能学会一个人适应一切。在独处的时光中，要找到自己真正热爱的，并培养自己独立的判断能力。只有先学会爱自己，才有能力爱他人。不学着与自己对话，更难和别人交流。越能独处，就越能面对和理解困境，就越能与他人相处。

4. 不设限地思考

你的眼光要比别人长远，你的心胸要比他人宽广。整天都在忙于算计，迟早也会被人生算计。人生如同开车，比别人快 30 码，你体会到的感受别人无法感知。人生又如同开飞机，比别人高 3 万英尺，你看到的视野自然不同于他人。可见，当你在追求更高更远的美景时，也就不必在意他人短视的眼目。一切自然云淡风轻，不再受影响。宽阔之后，就不会受狭隘主义的捆绑。自由之后，就不会受形式主义的限制。

5. 需要一个信仰

不论信仰什么，总归要有一个信仰，否则就和动物无任何区别。如今，几乎人人都有信仰，只是各自的信仰对象不同而已：有人信仰权力，有人信仰金钱，有人信仰自我，有人信仰爱情，有人信仰幸福，有人信仰美食，有人信仰党派，有人信仰制度，有人信仰无神，有人信仰有神，有人信仰多神，有人信仰基督……一个人不管拥有什么样的信仰，都令人尊重。当然，任何一种信仰，如果是稀里糊涂的，都称不上信仰，而属于迷信。智慧和真理，有着天与地的距离。

自我蜕变，遇见更美好的自己

无论什么人，不持续求新求变，都将无法生存下去。

谁都无法以过去的自己、一成不变的自己来糊里糊涂地度过今日、明日，甚至是将来。并不是因为无法跟上时代潮流，而是人类必须不断求新求变才能活下去。

我们的身体里每天都有细胞死去，同时又会繁殖出新的细胞。我们的意识、理解力、对世界的想法也在不断地改变，有些人会宣称："不，没这回事。我觉得现在跟昨天以前的自己完全没两样。"其实，他们早就在无形间逐渐地改变了自己来应对每一天发生的事件、经验、对话、想到和感觉到的事、身体状况、事情的进展。因此，每个人确实已经和昨日以前的自己不一样了。

很多人常发出"那时真是太不成熟了"或"当时完全不知道"的感慨，这正显示了自己的真实想法、对世事的认知方式已和过去完全不同，同时也是认知转变的最佳证明。

当然，认知改变的程度与层次因人而异。有些人反应慢，有些人心情低落，有些人改变迅速……只是，多数人并没有特别意识到自己的转变。尽管如此，透过每一次的人生经验，他们都能觉察到自己的改变。

自我蜕变的核心就是认知的改变与扩展，对于人生有极大的帮助。处于困境时，只要换个角度看事物，改变认知，就能脱离困境。

改变认知也是一种智慧。认知的改变，始于日常生活中对一般事物的智见。当然，还有对受过的教育、看过的书籍、接触到的媒体等知识的吸收，也让认知产生了变化。所谓了解世界，正是每个人认知变化的体现。

现实生活中，任何人想要永远维持稳重、成熟几乎是不可能的。这世上的一切都是不停变动、持续变化的，没有一样事物能在抵达终点的时候保持不变。在这样的现实面前，不可能只有自己恒常不变。如果自身无法在认知上有所改变，只能以过往固有的观念来看世界，以从前的价值观来判断事物，以从前几次的前例来处理状况，就终究无法应付瞬息万变的现状。

唯有从自身进行认知的蜕变，才能每天用崭新的角度看世界，找出新的价值，从中获得新的生活方式与希望。

1. 每天早睡早起

一日之计在于晨，早起是一个人通往优秀的必由之路。综观那些成功人士，通常都会在五六点这个时间段起床。

李嘉诚每天都在 5 点 59 分起床，几十年如一日。随后，他会听新闻，打一个半小时高尔夫。虽然他并未接受过高尔夫的专业训练，姿势算不上标准，但成绩不错。他认为，重点是打每一球时都保持冷静，有规划。李嘉诚通过打高尔夫锻炼身体，同时让大脑保持专注。

2. 学习一样喜欢的技能

琳达是在 4 年前开始学习肚皮舞的。2014 年，琳达去过一个健身馆上了两节会员的肚皮舞课程，感觉很开心。之后，她便想好好学习肚皮舞。通过学习，琳达感受到了肚皮舞的独特魅力，感觉到老师浑身上下都散发着女人味。那时的琳达对工作和前途都很迷茫，虽然每天都认真工作，但是完全看不到出路。

琳达为了学习肚皮舞支付了很高的学费，开始了长达两年的舞蹈学习。在这两年时间里，她把大部分周末都用于学习，从零基础开始，不断努力，慢慢感受到自己一点一滴的进步。

3. 改变饮食结构，提倡素食

古印度瑜伽经典《薄伽梵歌》把食物分为悦性食物、变性食物和惰性食物三种。悦性食物，就是植物性饮食。惰性食物指的是动物性饮食。吃肉以后，人体需要大量精力去消化食物，容易产生昏沉的感觉。素食相对比较容易消化，让人体有更多精力去做其他事情。因此，只要搭配合理，吃素食一样很健康。

第十章　修炼爱商：会爱别人 接纳自己

以诚待人，是学会爱人的第一步

与人交往，能得到别人的信任和尊敬，是最令人兴奋的。要想得到别人的信任，首先要敞开自己的心扉，要讲真话，不遮遮掩掩、吞吞吐吐；要以坦率换得朋友的赤诚和爱戴，拒绝虚假，以诚待人。

以开放的心灵换取另一个开放的心灵，用真诚换来真诚。在发展人际关系中，用诚信取代防备、猜疑，会获得出乎意料的好结局。

周瑜成为都督以后，以程普为首的老将们都不服气，经常找周瑜的麻烦，平时也不配合周瑜的安排，更不服从周瑜下达的军令。但是周瑜以大局为重，对程普的不逊一直不放在心上，从来都以敬重的态度对待以程普为首的老将们。

赤壁之战后，程普终于被周瑜真诚的精神打动，说："与公谨交，如饮醇醪，久而弥厚。"意思就是，跟周瑜交朋友的感觉就像是喝了陈年的老酒一样，越到后来味道越浓，让人不由自主就醉了。从此以后，程普尽心效忠周瑜。

爱商高的人在处理人际关系时，会是真心诚意，忠厚老实，口若悬河，不藏奸，不耍滑，不戴面具演戏，不会像王熙凤那样，"嘴甜心苦，两面三刀，上头笑着，脚下使绊子，明是一盆火，暗是一把刀"，也不会像薛宝钗那样，"罕言寡语，人谓装愚，安分随对，自云守拙"。他们做人坦诚，有一些侠骨柔肠，光明磊落，襟怀坦白，使人如沐春风。

以诚待人，还表现在：一旦发现对方有缺点和错误，能及时地指出，督促他立即改正。虽然人人都不喜欢被批评，但意识到批评者确实是为自己着想时，便能理解接受，使彼此的心灵得以沟通，彼此的关系得到进一步发展。

我国著名的翻译家傅雷先生说过，"一个人只要真诚，总能打动人的，即使人家一时不了解，日后也会了解的"。

真诚待人，是没有目的、发自内心的热忱。真诚的动机，不是拿个人的真诚来换回别人的真诚，带着这样一个目的和动机去，就不会真正地真诚。真诚地对待他人不是等价的交换，而是触及心灵的感动。

市场部是整个公司的核心部门，副经理王艳是位年近三十的女子，李琳的到来无形中给副经理带来了压力。虽然李琳的工作经验不如副经理，学识不如副经理，但却有一股副经理身上所没有的冲劲。公司对李琳非常重视，这直接决定了李琳的升职出乎意料地快。

李琳对这一切毫无察觉，但她知道，自己虽然比别人多懂一门外语，但是资历、学识、客户来源都不如其他同事，还需要积累。所以李琳比从前更严格要求自己，工作也比以往更认真。慢慢地，李琳赢得了其他同事的信赖和肯定，唯有王艳对李琳总有些不冷不热。

一天，经理交给李琳一个任务，让她和王艳一起去见一位大客户。这位客户王艳已经跟了很久了，可是一直没有签下来。李琳有些为难，她知道如果自己出面并签下，和王艳的关系可能会闹得更僵，可是站在公司的立场上，她又不能推辞。

客户是王艳通过关系联系到的，她是当然的主角。李琳不动声色地跟在客户和王艳的身后，听他们交谈，仔细地做着记录，陪同了一个上午，客户仍然没有签约的意思。李琳和王艳一起陪客户吃过中饭，告别之前，李琳突然用闽南语问客户："可以赏光一起喝喝茶吗？"来之前，李琳仔细研究过对方的资料，知道老总祖籍福建，且多年没有回过家乡。李琳家乡在潮州,闽南语也是潮州的一种方言。

客户感到有些意外,但还是答应了。李琳娴熟的冲茶手艺、纯正的乡音,让客户大为满意。几杯清茶下来,客户虽然没有明确表态,却已经被李琳打动了。第二天,客户主动来到公司签约。当时李琳正好出去见另一位客户,但是后来听同事说,客户高度赞扬公司极富人性与温情,表示愿意与公司长期合作。

事后,王艳明白了李琳的心意,她们也成了好朋友。

坦诚相待,是每个职场人士都希望得到的,可却不是每一个职场人士都能够做到的。

真诚好比一块石子、一片树叶,在别人眼里是那样普通,其中的美妙含义只有自己知晓。对他人真诚相待,你会觉得自己很幸福快乐,像天使一样。与真诚的人相处,在一起游玩时,可以抛开所有的烦恼,尽情地笑,尽情地疯;在一起学习工作时,会认认真真,尽情地学,尽情地练;一起聊天时,会无所不言,尽情地说,尽情地谈。

真诚不是锱铢必较的利益,而是肝胆相照的情分。在坦诚的交往过程中,会使彼此之间留存对真情的敏感,使对方的眼睛抹去云翳,心境重新开朗。

打开自我,全然接受别人的爱

一次,某高校举办了演讲会,邀请某大师来演讲。

轮到大师上场时,助手提醒大师:"老师,您鞋上的鞋带开了,我来给您系上。"

大师客气地说："不用，我自己来！"说完，大师就低头把鞋带系上了，又回头对助手说："谢谢你的关心。"

看着助手离开，大师蹲下，又把已经系好的鞋带解开。

主持人感到很纳闷，当演讲完毕，大师回到后台后，主持人问大师："您为什么把系上的鞋带又解开了？"

大师说："我演讲的开头要讲述一个长途跋涉的行者，应该身心疲惫，步履蹒跚，穿着松开鞋带的鞋，才能把这种感觉表演出来，所以鞋带不应该系上。"

主持人又问："既然不应该系上，那别人让您系时，您为什么还要系上呢？"

大师就说了："提醒者并不了解演讲的来龙去脉，但是他对我是一番好意，我不能辜负了他的善心，又没有时间跟他解释太多，我就把鞋带系上。等他走远了，我再把这鞋带解开。"

通过这个案例，可以明白沟通中的一些基本原则。

首先，要有主见，有自己的原则，不能因为别人的善心和善意就改变自己的节奏和方向。有些人架不住三句劝，人家有点善心善意，一下子就没有主见了。这不行，要有主见。

其次，要考虑别人的感受。得尊重他人，理解他人，所以，待助手走远了，大师才解开鞋带。

再次，注意场合。马上就要上场了，没有时间沟通，没有时间交流，可以采取让步或者回避的策略。

最后，在小事上接受别人善意的关心和帮助，本身就是一种很大的善良。接受别人的善意，接受别人的关心和帮助，又能以同样的善意对待别人，才能让温暖光明的种子在世界上传播开来。

怀孕时，公公婆婆过来跟小Q一起住。跟很多传说中的婆媳争斗不

第十章　修炼爱商：会爱别人 接纳自己

同，婆婆一开始就对小 Q 百般照顾。按照小 Q 喜欢的口味做菜，帮他们搞卫生、晾被子，打理生活，小 Q 提出有些事情不需要她做时，她也不过分越界。

当时，看遍了婆媳争斗剧的小 Q 蒙了：难道婆媳之间不是应该天然恨吗？小 Q 三番五次逮着老公问："你妈为什么这样对我？她的目的是什么？"

老公一脸天真："难道这样不好吗？为什么一定要吵吵闹闹的？"

小 Q："好是好，就是心里不太踏实，怕她背后有小心机。"

老公："我妈没那么复杂，就是看到你开心她也开心嘛。"

小 Q："不可能。她一定有目的。"

老公想了半天："那就是她觉得以后老了要你帮忙照顾一下，所以现在对你好一点。"

小 Q 释然："这就对了。我就说她一定有目的。"

小 Q 对婆婆态度的转变是在坐月子时。白天老公去上班，小 Q 和公公婆婆在一起。

一天，因为身体的不适，加上新生宝宝的难缠，小 Q 情绪崩溃，忍不住大哭。婆婆陪着小 Q 聊天，告诉小 Q 她当年生孩子时也有同样难熬的经历……

联想起月子里婆婆对自己的照顾，宁可自己累得腰疼都让自己多休息，还要忍受自己产后抑郁的坏脾气，小 Q 对自己以前的小心眼感到了羞愧。

这就是一种无条件的爱。所谓无条件的爱，就是父母爱着孩子本身，不需要孩子为父母做些什么。父母不会因为孩子听话、成绩好而多爱他一点，也不会因为孩子不乖、闯祸而少爱他一点。在无条件的爱浇灌下的孩子，会觉得自己的存在本身就是有价值的，而不是自己为别人做了什么。

其实，一个好的生命状态是不需要向别人证明自己的，因为自己本身就是好的、值得被爱的。

没有得到父母无条件的爱的孩子，可能从来没想过这一点。他们很努力，想做更好的自己，以便获得别人的关注和爱。努力能换来的是财富，是成功，而爱往往是不劳而获的。只要你相信自己本身就是好的，打开紧紧关闭的心门去接受别人，就能得到别人的爱与接纳。

爱的获得，需要信任。欣然接受别人的爱，是福气，更是一种能力。

自律者得自由，懂得自我管理

人与人的交往是文明社会沟通的核心，通过有效的沟通可以产生价值。

自律是许多自我能力发展工具中的一种，能解决很多问题。如果有很多方法能够解决问题，那么自律一定是其中最好的方法。自律能让你戒瘾，能让你减肥的时候想减多少就减多少，能根除拖沓、无规律、无知的毛病。在自律可以解决的问题范围里，它是无敌的方法。

不自律的人生有点像吸毒，明知后患无穷，但为了一时的快乐，还会一次次地不断沉沦。高爱商的人，都能够做到自律。

1. 认同事实

所谓认同，就是在对待任何一件事情上，严格、谨慎。例如领导交办的事情，上下班时间，对待办事的态度等。自律，不单是个人要求，更是通过自我要求而让更多人肯定你的工作态度。

2. 坚强的意志力

为了尽可能多产出，就要多做事情，要对自己的时间、精力、情绪、资源等进行管理。这种自律，需要个人在价值、信仰等方面严格要求自

第十章 修炼爱商：会爱别人 接纳自己

己，这是对生活和工作方式的自律要求。

3. 积极面对困难

人们总是习惯遵守外界赋予他们的准则，而自律则是遵守自己给自己设定的准则。无论从事什么工作，总会有形式各样的事务出现。而要做好自律，就要善于面对困难、克服困难、解决困难。

4. 勤奋努力

勤奋就是指努力工作，与面对困难相比，勤奋并不需要寻找挑战或者难题，主要肯花费时间即可。想要实现真正意义上的自律，必须给自己划分严格的界限，在规定的时间做规定的事，必要时要在本子上记下来，给自己一种庄严的仪式感。

5. 坚持不懈

做大事的虽不拘小节，但还要从小事做起，能容人，有远略。如卧薪尝胆的典故。春秋时期越王勾践战败，睡在柴草上，经常会尝一尝苦胆来激励自己不忘复仇，一雪前耻。刻苦自励，发愤图强，需要强大的内心力量。

【爱商小测试】

通过下面的心理学测试来看看你的自主性有多强。

1. 你是否会先做到完成手头的工作再去看电影或者逛街？（ ）

A. 完全可以…………3分

B. 偶尔可以…………2分

C. 很难做到…………1分

2. 面临重大选择（择校、择业、择偶）时，你会怎么做？（ ）

A. 完全听从自己的本心…………3分

B. 参考他人的意见…………2分

C. 完全听从他人的意见…………1分

3. 购物时，通常你会怎么选择？（ ）

A. 根据自己的体验度来选择……………3分

B. 参考他人的意见来选择……………2分

C. 根据销售员的讲解来选择……………1分

4. 你平常如何获取信息？（ ）

A. 主动地搜索……………3分

B. 两者各占一半……………2分

C. 被动地刷新……………1分

5. 与他人的意见发生分歧时，你通常会怎么做？（ ）

A. 坚持自己的意见……………3分

B. 参考他人的意见……………2分

C. 接受他人的意见……………1分

6. 你经常会体验到平静的、持久的、充实的宁静感吗？（ ）

A. 经常……………3分

B. 偶尔……………2分

C. 很少……………1分

7. 你会积极主动地推进事情的发展吗？（ ）

A. 经常……………3分

B. 偶尔……………2分

C. 很少……………1分

8. 遭遇很多人指责时，你容易动摇内心最初的想法吗？（ ）

A. 经常……………1分

B. 偶尔……………2分

C. 极少……………3分

9. 事情很容易按照你的预期发展吗？（ ）

A. 经常……………3分

B. 偶尔……………2分

C. 极少……………1分

第十章 修炼爱商：会爱别人 接纳自己

10.让你离群独处，你会不会感到孤独？（ ）

A.会的…………3分

B.一般…………2分

C.不会…………1分

测试结果：

10~15分 自主性指数：两星

你属于典型的依恋型人格，很难管理自己，必须依靠他人。不仅如此，你还会表现出任性的一面，几乎无法控制自己专注某件事而不被其他的事情所干扰。因此，你的自主性非常差，缺乏判断力，经常人云亦云，被动地接受信息。

16~20分 自主性指数：三星

你身上有比较微弱的自主性，但是被所谓的"权威人士"所阻碍。这里讲的"权威人士"可以是你的父母、你的领导。另一面，你虽然明白自主性的重要性，但是由于认知薄弱，对自己的控制力不足，所以并没有形成强有力的自主性。

21~25分 自主性指数：四星

你的身上有明显的自主性，可以很好地自我管理，不再完全依赖他人。在很多问题上面，你完全可以做自己的主人，坚持主见。但是在某些重大问题上，你被更强大的力量控制着，无法发挥最大的自主性。但是你会发挥积极的作用，希望能够影响他人，获得他人的支持与肯定。

26~30分 自主性指数：五星

你具备了一个自主性人格应具备的素质，自我控制力很好，可以延迟享乐而做应该做的事情。你明白什么事情是重要的、优先的，什么事情需要往后排。在对于事物的态度上面，你保持高度的清醒，有着敏锐的洞察力，很容易透过表象看到本质。你或许看起来并不合群，但其实很容易相处。

第十一章 治愈『爱伤』：温暖心灵的疤痕

当代社会，危机导致爱商缺失。你要觉察你究竟想向别人要什么，然后就自己给予自己、努力满足自己。当你懂得滋养自己，缺失的爱就能得到补充，当你不向别人乞讨爱时，任何人和你相处时都是愉快的。

爱商——爱的感受、智慧与能力

存在定律：不管你对多少人失望，都没有理由对爱失望

不管你对多少人失望，都没有理由对爱失望。因为爱本身就是希望，永远是生命的一种希望。

"爱是自己的品质，是自己的心魂，是自己的处境，与别人无关。"（史铁生《务虚笔记》）

爱，是人生中最美好的事情之一，可是在爱一个人时，很多人都会忘记爱自己。全身心地投入不但没有换回好的结果，反而弄得一身伤痕。

爱，是没道理的，争执到最后道理讲清楚了，感情却没了。用理性的法则去驾驭感性，结果只能得到冷冰冰的无情。

两个人的事不用太明白，自己把握度，心中自有分寸。遇到一个人，他为你收起顽固脾气，因为他爱你；把你的兴趣变成他的兴趣，还是因为他爱你。如果发现身边有这样的人，请你好好珍惜。

小樱很爱笑，平时总是没心没肺的样子。两年前，小樱在本单位与其他单位联合组织的活动中认识了前男友，他们一见钟情，很快就坠入了爱河。男孩是她的初恋，小樱对这段感情格外珍惜。那段时间，身边的每个人都可以感受到她的快乐，那洋溢在脸上的笑，甜得可以从酒窝里溢出来。半年后，他们毫无征兆地分手了，原因是前男友劈腿。

这件事让小樱消沉了好一阵子，整天一副生人勿近的模样，同事们都默契地不在她面前提起她的前男友。每次见到前男友后，小樱都会失神一

第十一章 治愈"爱伤":温暖心灵的疤痕

阵子。

大家都看在眼里,为了帮她走出失恋的阴影,有人甚至帮她介绍男朋友,但她都表示谢绝。她说:"我已经不相信爱情了。"说这句话时,她的眼睛里满是对爱情的失望。

相信很多像小樱这样单纯的姑娘,在历经过男人的背叛之后,都会在黑夜里自责,问自己:我是不是哪里不好,哪里不对?继而自卑,认为一定是自己不好才会被劈腿,从此一蹶不振。然后,他们再也不相信男人,再也不相信这世界还有爱情,更不敢碰爱半分。

许多人被爱情伤害过后,就不再相信爱情了。但实际上,这些人是最懂爱的。因为受伤,所以才懂得;因为失去,所以才珍惜;因为背叛,所以才忠诚。他们看上去冷漠,其实都有一颗最缺爱的心。

爱是包容,不是放纵;爱是关怀,不是宠爱;爱是相互交融,不是单相思;爱是百味,不全是甜蜜。如果爱一个人,先要使自己百分百地值得他爱,至于他爱不爱你,那是他的事。你可以希望,但不必强求。

不管你对多少异性失望,都没有理由对爱失望。因为爱本身就是希望,永远是生命的一种希望。

爱,是你自己的品质,是你自己的心魂,是你自己的处境,与别人无关。爱情不是一个名词,而是一个动词,更是永远的动词,可以无穷动。

生气时,不要随便说分手。因为"分手"两字说说容易,弥补起来却很费事。

分手了,就不要随便复合。因为复合看起来甜美,但感情没那么容易恢复。

许多事看起来能补救,其实都是单线程的。

错过就是错过,离开就是离开。人生是赌博,也是长跑,无论中途遇到什么,都请努力向前,莫回头。

每一次的相遇都是上天注定,要用十二分的认真去对待。但也要知道,并不是上天安排的每段缘分都能成功。当你用认真的态度去对待每段感情时，一定要给自己留好退路。

所谓缘分，不过是偶然和遇见。即使爱到死去活来，也得给自己留条生路。

吸引力定律：对爱心抱着百分之一万的相信，最后都变成了事实

秘密吸引力法则，简而言之就是爱的法则，是人心，是人的意识。如同磁铁一样，一个人充满了爱心，头脑中都是好的事物，就会吸引来好的事物在自己的周围。

吸引力定律是宇宙最简单、最根本的定律，含义就是：你想什么，就会引来什么。

人的气场是看不见的，但气场的力量是巨大的，就像万有引力一样，每个人身上的气场无时无刻不在影响每个人的人生。你的观念、你的信仰、你的环境、你的朋友、你的呼吸、你吃的食物、你的欲望、你的静息与睡眠等都会影响你的磁场，这些气场将会形成你的气质、你的运气、你的命运。

一个人的气质很好，外表精神、有修养、有道德，气场就好，就会吸引好的事情，吸引好的运气。相反，如果气场不好，外表没精神、萎靡不振、做事没效率，就会走霉运，不好的事情就会发生在你身上，干什么都不顺，喝口凉水都会塞牙。

那么，什么能影响我们的气场呢？看看下面几点。

1.你的意念场如何

想什么，相信什么，就有什么样的气场，这就是吸引力法则。你的思

第十一章　治愈"爱伤"：温暖心灵的疤痕

想吸引你想要的东西，使你产生积极向上的思想，这样气场就是积极向上的；你的思想是消极负面的，气场就是消极负面的，同时吸引消极负面的人和事，所以要加深正能量场，要有积极正面的思想。

具有赚钱意识的人，能吸引金钱；而具有贫穷意识的人，总会吸引来贫穷。通过你的思想、语言和行为，它们将会为你所意识到的事物打开通道。无论富有或贫穷，都能如你所想的状况那样满足你。

一个人在心里怎么想，他就会是什么样的人。一直很害怕的事物总是向你走来，你所强烈意识到的事物总会来到你这里。思想是因，与你思想相一致的人生和境遇就是你的果，你的因会吸引果，正所谓种瓜得瓜，种下什么因就会收获什么果。

爱商高的人，都会运用思想的巨大能量来追求自己所想要的一切，继而让自己变得自信，懂得正确、积极正面地运用自己的思想。人体是一个很敏感的信息场，无时无刻不在与外界的信息、能量进行交换。

2.爱的气场有多大

爱是宇宙间最强大的气场，它与宇宙和谐一致。只有发出爱，才会吸引爱，所以不要只爱自己的小我，要爱周围所有的人，爱朋友、父母、爱人、亲人、同事、敌人、地球万物、一花一草。发出的爱越多，积聚在宇宙间爱的气场就会越大，同时越能收获爱。

当你有困难有危险时，宇宙会发出各种信息让你感知到，就像灵感一样，灵感发生于有爱的地方。两个人只有拥有爱的意识体的气场，才能发生共振。虽远在天涯，但爱能让意识体联系到一体，他有危险她会知道，他有爱，她也会感知到。

爱是宇宙间最强大的气场，你发出多大的思想，宇宙间给你的气场就会有多大。一个广做慈善发出更多爱的人，他得到爱的气场就会更大。宇宙也有因果法则，有付出就有回报。爱别人，别人才会爱你；帮助别人，别人才会帮助你。

掌控定律：感觉良好，为自己而活，就能掌控自己

感觉良好，乐观面对自己，就会逐渐地感觉你可以掌控自己。相反，感觉不好，悲观面对自己，就会失去掌控自己的能力。

在网络上曾看到过这样一段文字：

女子结婚后，老公好吃懒做，只靠女子一点微薄的收入养家。孩子刚刚一岁多，婆婆公公也没有工作。女子既要照顾孩子，又要照顾老人。但是老人对女子不待见，只因为女子是个孤儿，没有任何依靠。丈夫动不动就对她打骂，女子实在受不了压力，走向了极端，最终自杀。

婚姻本来是女人的天堂，但是多少女孩结婚后就变成了家庭主妇，带孩子照顾老人，还要挣钱。遇到一个好的家庭，拥有自信的老公，她会过得很幸福。一旦出现上述的情况，又能如何？

很多没有自尊和信仰的女人，会把老公当作唯一的救命稻草。殊不知，被你当成宝的男人，你即使对他倒贴，在他心里你也仍然如垃圾一样不值钱，在他眼里你的价值也无法和别人的价值等同。女人都应该幸福安康，都需要为自己好好活。

每个人都有不同的性格，性格是天生的。有的人内向，有的人外向；有的人沉稳，有的人急躁；有的人胆大得像吃了熊心豹子胆，有的人胆小如鼠；有的人大气，挥金如土，有的人小气，一毛不拔。古今中外的智

第十一章 治愈"爱伤"：温暖心灵的疤痕

者都告诫我们，要克服性格的弱点，才能做生活的主人，也只有控制住自己，才能掌控人生。

天生性格胆小懦弱的人往往心思缜密，但要做成一件事，成为生活的强者，就必须克服懦弱，勇敢无惧，一往直前。爱商高的人，内心没有恐惧，他们会正视内心的恐惧，战胜内心的恐惧。

1. 选择舒服的生活方式

只有以让自己舒服的方式生活，才能真正开心。圈子不同，就不要强融，别人认为舒服的生活方式，在你这里就不一定那么合适，不一定会让你感到舒服。所以，从现在起，问问自己的心：到底喜欢什么样的生活方式，怎样才能让自己感到舒服。

无论是宅在家里，还是出门看看广袤无垠的世界，都是可供选择的选项。具体怎么选，没有标准答案，唯一的判定原则就是你喜不喜欢，哪个选项会让你感到更加舒服、惬意？最重要的是，不要管别人怎么说，都要用心生活，让自己过得舒适。

2. 学会调节自己的情绪

除了别人会造成你的不开心，有的不开心是自找的。有时人们爱钻牛角尖，找不到合适的办法跳脱出困扰，就会自找烦恼，自寻不开心。情绪能让一个人翻脸比翻书还快，只有试着学会调节好自己的情绪，才能保持好心情，让自己笑口常开。

烦恼终究只是一时的，如果烦恼永远也过不去，肯定是自找的。经常纠结于不开心的事，只会越想越生气，不如做点其他事情，分散自己的注意力，暂时忘记烦恼。

学会调节自己的情绪，常用的一个屡试不爽的方法就是，生气时做点事情，转移自己的注意力。比如，出去走走，换种心境。等到冷静下来再想想，就会发现其实也没什么大不了的。

爱商高的人都知道：一生很短，要为自己而活。做人，最重要的就是要让自己开心。

影射定律：每个你讨厌的人，身上都有你自己的影子

心理学"投射"是一个人将内在生命中的价值观与情感好恶影射到外在世界的人、事、物上的心理现象。在每个人身上都有一些自己不想要的元素，一旦意识到，就会引起强烈的焦虑，不知不觉地运用各种防御力量来抵抗。是的，每个讨厌的人，身上都有你自己的影子。

小霞常常在午休时间跟同事小刘吐槽她老公，说他整天粗心大意、丢三落四的，常常惹得她发脾气，害得她心情和皮肤都变差了很多。前几天她老公出去跟客户谈生意，把钱包落在别人公司，结果由于那天见了好几个客户，自己都不记得是忘在哪个客户那里了，最后不得不去每个客户那里找。不仅浪费时间，还给别人留下了不好的印象。

还有一次，小霞跟老公一起带着孩子在市场买水果。回去之后，老公发现包里的2000块现金被偷了。小霞老公类似的情况还有很多，比如，停车之后车没锁就走了；出门走了很远，才发现忘了拿东西又跑回去；买了去香港的车票正在过关排队时，才发现自己还没续签……

小霞生气地跟小刘抱怨："都这么大的人了还不让人省心。"小霞越说越生气。

听完小霞对老公的吐槽，小刘用一副同情又疑惑的表情看着她说："既然这么讨厌他，当初又怎么会选择跟他结婚呢？"小霞一脸无奈。

小刘说："老公是自己选的，要怨也只能怨自己。当初既然选择跟他

第十一章 治愈"爱伤":温暖心灵的疤痕

在一起,就说明你们身上肯定是有相似之处的。"

关系犹如一面镜子,透过它,可以看到真实的自己。但是大部分人都无法在关系中看自己,只会立刻对自己所看到的东西进行批判,也常常情不自禁地为自己辩解。讨厌一个人时,应该想想自己为什么会讨厌对方。如果发现你讨厌的正是自己身上的缺点,就要引起重视了,因为你真正讨厌的那个人可能是自己。

在战争状态下,双方都需要利用投射机制互相攻击对方,将对方视为敌人,而不是投射。战士很难把刀放到活人身上,只要用文字的力量去想象彼此的坏的、侵略性的释放方式,战士就不会再因为伤害别人而感到内疚或懊悔,而内疚或懊悔则是压抑的进攻中的一种重要力量。夜幕降临时,人们会紧紧地锁上房门,防止"坏人"受到伤害,这个所谓的"坏人",实际上更多的是来自自己的进攻投射。

内心不安的人往往胆小怕事,害怕别人报复,其实这些人内心的攻击性很强。所以,你讨厌的不是别人,而是你拒绝的心理因素。可以推测,当这种心理因素越来越被接受时,你将会越来越少地憎恨自己。爱商高的人很少会去讨厌一个人,他们会有更现实的感觉,而没有太多的主观色彩。

情绪转移定律:改变生活方式,释放压抑情绪

遇到别人生气时,不能与他动粗,要用健康的情绪去感染他,转移他的注意力,引导他产生愉快的心情。经验表明,人们在相互交流接触时,情绪会通过手势、语言、眼神等方式传递给他人。如果能安抚别人的情

绪，将自己的快乐传递给他人，将是一件很有意义的事情。

　　心理学家研究发现，坏情绪和细菌病毒一样具有很强的传染性，且传染速度非常快。美国洛杉矶大学医学院的心理学家加利·斯梅尔做过一个心理学实验：他让一个开朗、乐观的人与一位愁眉苦脸、抑郁难解的人同处一室。结果，不到半个小时，这个原本乐观的人也开始长吁短叹起来。加利·斯梅尔经过进一步实验后证明：只需要20分钟，不良情绪就会在不知不觉中传染给别人。

　　生活中，坏心情就像流感一样，如果不加控制，就会不断蔓延。下面这个故事，就是很好的证明。

　　清晨起来，一家三口都开始洗漱、吃饭……今天上午老总要来检查工作，作为领导者，男人决定早过去半小时，提前做准备。男人将外套放在餐桌边的凳子上，顺手抓起一个饺子。

　　儿子端着水杯走过来，一边走一边喝，不小心将水洒在了他的衣服上。眼看时间要到了，男人异常生气，骂了儿子几句。儿子感到很委屈："不就是将水洒到衣服上了吗？再换一件不就行了！"

　　男人不依不饶："今天我们老总来视察工作，我要陪同，这可是我最好的衣服，专门用来出席重要场合的，你个败家子！"说完，一巴掌打向儿子。儿子大哭。看到男人一大早就拿儿子撒气，女人很郁闷，也没心思吃饭了。

　　男人看了一下手表，匆忙催儿子拿书包送他上学。结果，走到半路男人才发现，忘了带公文包，只能打电话让女人带到儿子学校，他在那里等。女人知道男人着急，打车过去，结果一路堵车，一路走走停停，好不容易将公文包送到了男人的手中。男人急忙往公司赶，结果只早到10分钟。

　　男人心情郁闷，没有提前准备好，工作一团糟。领导视察的时候，发现了问题，男人沮丧到了极点，回答问题也是漫不经心。领导表示，对他很失望,并且点名批评。男人的心情更是急转直下。

晚上男人筋疲力尽地回到家,坐在沙发上想了想一天发生在自己身上的事:要不是早上冲动打了儿子,妻子就不会心生埋怨;妻子不埋怨,就会送自己出门叮嘱拿东西,不会忘了拿公文包;没忘拿公文包,就能提前半小时到公司准备;准备好了,就能用平和的心态来应对老板的提问,就不会出现问题……所有的一切都在于自己没有控制好情绪。

男人的消极情绪通过漫长的链条,经过不断的传导,最后又回来殃及了自己。在心理学中,这种现象被概括为情绪转移定律,指人的不好情绪如果没有得到适当的宣泄,就会转移到其他人和事上,是一种情绪的蔓延现象。

这样的情绪转移现象在生活中很常见,一个人的不良情绪一旦无法正当发泄和排解,就会找一个出气筒,把情绪转移到别人身上,有时甚至是无意识的,自己很难控制。但无论如何,拿别人撒气是不对的,对别人也不公平。

坏情绪是影响人际关系的"无形杀手",不善于控制好自己的情绪,任由不良情绪影响他人,就会影响正常的人际交往。心理学家认为,"在发生情绪反应时,大脑中有一个较强的兴奋灶,此时,如果另外建立一个或几个新的兴奋灶便可抵消或冲淡原来的优势中心"。因为某件不顺心的事情烦躁、暴怒时,可以有意识地做点别的事情来分散注意力,缓解情绪,如听音乐、散步、打球、看电影、骑自行车等。

生活中难免会遇到一些不顺心的事情,不快的情绪如果没有及时得到宣泄,将会有害身心健康。遇上不顺心的事情,就将自己不快的情绪发泄到家人或朋友身上,又会伤害身边最亲近的人,甚至影响家庭或同事间的和睦关系。心理学家认为,人们解决"心理转移"有两种途径。

一种是"消极心理转移",即将自己内心的压力通过某种偏激的方式转嫁到别人身上,这种方法虽然能发泄自己的坏情绪,却会给其他人带来

第十一章 治愈"爱伤":温暖心灵的疤痕

一定的伤害；另一种是"积极心理转移"，当你受到不公平待遇或意外伤害后，不是将心中的怒火发泄到他人身上，而是寻求一种不对任何人造成伤害的、比较理智的方法排解情绪。

时间定律：时间是疗伤最好的药剂

每个人都在追求幸福，可幸福究竟是什么样子？对于不确定的事情，我们总是害怕开始，害怕自己受到伤害，害怕终有一天会辜负了遇见。其实，时间才是疗伤的最好药剂。

2017 年，小美认识了一个比自己小 7 岁的男孩，他告诉她，想娶她当老婆。小美感到很无语。可是，男孩却说他相信会有奇迹。慢慢地，小美习惯了男孩的存在。男孩每天都会关心问候小美，每天晚上都会问她喜欢不喜欢他、爱不爱他。

小美每次都会回答不知道，其实自己已经开始慢慢地爱上了他，只是自己不能确定两人到底能不能有未来。突然有一天，男孩告诉小美，说他已经放下。小美心里有说不出的痛，不停地给他打电话，他却从来都不接。

余生说长不长，说短不短，只要对方幸福就是你最大的快乐。很多人会因为不小心的错过，惋惜一段感情，留恋一个人，也会因为胆怯而在未来的某一天悔不当初。可是，遗憾是人生必须经历的事情，也是生命里的必修课，最怕的就是，先说爱的先不爱，后说爱的放不开。

有些人因为离开而显得弥足珍贵，当你已经把一个人的陪伴当成一种习惯时,他的离开就会让你更加伤心。但是这些都没关系,时间是最好的良药,会慢慢抚平你的伤痛,让你渐渐淡忘掉一些烦恼。

别因为一次错过,而对过往念念不忘;别因为一个人的离开,而失去了面对感情生活的勇气。这个世界离了谁都一样照常运行,离开了任何一个人,你都要好好活。

时间是最好的良药,会治愈你的伤痛。女人天生就很敏感,喜欢依赖和习惯,适应了就感觉永远是一种依赖,突然之间没有了,就会感到空虚、难受。虽然没有人喜欢承受这种伤痛,但一旦来了,就没有任何理由能够让它释然。拿得起放得下才是最好的,要适应世界的变幻莫测,适应每一个人的到来和离开。

自愈定律:所有为爱受过的伤,最终都会由爱所治愈

在很多人的印象中,李磊一直是个天不怕地不怕的男人,不管是工作,还是感情,好像没有什么可以让他难过或妥协的。但是,前不久和几个朋友一起喝酒时,李磊接了个电话,之后就立刻站起来要回家。有人让他说出离开的正当理由,否则不许走。他苦苦哀求,说:"我女朋友睡醒了,找不到我,很着急,我得马上回家陪她。"说完,李磊自罚三杯,然后急匆匆走了。他走了之后,几个朋友开玩笑,说李磊变了,以前根本不是这样,现在居然变成了"妻管严"。

真的是管得太严?太霸道?还是说另有隐情?

周末,李磊送女朋友去公司加班,之后约杜军出来吃饭。聊了之后,杜军才知道到底是怎么回事。

李磊和女友恋爱不到半年，就已经决定娶女朋友为妻了。李磊觉得，女友是个值得他去珍惜去疼爱的女人。他之所以下定决心，是因为她被爱情伤害过，因为爱情，她变得患得患失，需要有个人好好珍惜她。

　　李磊说："我也恋爱过，分手过，也被爱情伤害过，我知道那种被爱情抛弃的感觉。明明死心塌地爱着一个人，但是最后却被无情抛弃，心态不好，就会因此患得患失。被最爱的人抛弃，会让人对所有人失去信心，不敢再相信任何人。"

　　李磊和他女友是在一次旅行中认识的，李磊看她一个人孤独地行走，就主动跟她说话。女孩一开始对李磊戒备心很重，不愿意跟李磊多交流。一路上，李磊一直在照顾女孩，女孩也就慢慢对李磊放下了戒备心，但没有完全放下。认识之后，他们又联系了好长时间，李磊才开始追求女孩，费了好大劲才把女孩追到手。

　　虽然女孩没有说自己因为爱情变得患得患失，但是李磊能感觉到。每次一起逛街时，她都会紧紧抓住他的手，一会儿看不见他，她就会焦急得发信息打电话问他在哪里，那语气不是责怪，而是怕失去他，怕他离开。每天晚上睡觉也是如此，她总是紧紧握住他的手，如果醒来看不到他，就会到处找，到处喊他的名字。

　　李磊说："我爱她，永远都不会离开她。我要用我的爱治愈她的患得患失。"

　　听完他的话，杜军心里莫名地有些感动。

　　其实，像李磊女朋友这种被爱情伤害过的女人，都值得男人好好珍惜。因为她们用心爱过，知道怎么去爱一个人；她们分手后用心反思过，知道怎样更好地去爱一个人。

　　分手不是她的错，她只是被爱情伤害了，只是遇人不淑，遇到了一个不懂得珍惜她的男人。遇到了这样的女人，如果男人能好好珍惜她，就一定能够享受美好的爱情。和这样的女人恋爱会很轻松，因为她不想再受

第十一章 治愈"爱伤":温暖心灵的疤痕

伤,会很用心地对待爱情;她的要求也很简单,只要男人不离开她就好。

从女人的角度来说,需要提醒的是:不要因为爱情,把自己变成一个患得患失的人。在一段感情中,你可以用心去爱,但是不要把得失看得太重,不然一旦分手了,就会养成患得患失的毛病。被爱情伤害过,被抛弃了,就和过去一刀两断,好好调整心态,在重新恋爱时没有患得患失的毛病,会爱得更彻底,也会做得更好。

【爱商小测试】

你拥有治愈别人心伤的能力吗?

1. 在陌生人面前与在熟悉人面前,你的表现差异大吗?( )

   A. 大…………转第 2 题

   B. 不大…………转第 3 题

   C. 有时大…………转第 4 题

2. 你是不是经常给人一种一见如故的感觉?( )

   A. 是…………转第 3 题

   B. 不会…………转第 4 题

   C. 偶尔…………转第 5 题

3. 异性会不会经常跟你倾诉工作与生活中的烦恼?( )

   A. 从不会…………转第 4 题

   B. 经常会…………转第 5 题

   C. 偶尔会…………转第 6 题

4. 你觉得自己因为说话不当而伤过人吗?( )

   A. 经常…………转第 5 题

   B. 没有伤过…………转第 6 题

   C. 不知道…………转第 7 题

5. 骨子里,你是一个不认命的人吗?( )

   A. 是的…………转第 6 题

B. 不是…………转第7题

C. 不知道…………转第8题

6. 在你心中，什么排在第一位？（　）

A. 爱人…………转第7题

B. 父母…………转第8题

C. 子女…………答案A

7. 在动漫类的女性角色之中，你最喜欢什么类型的？（　）

A. 御姐…………转第8题

B. 女王…………转第9题

C. 萝莉…………转第10题

8. 你想外出打发半天时间，下面3个地方，你会去哪一个？（　）

A. 图书馆……转第9题

B. 大商场……答案A

C. 咖啡厅……答案B

9. 下面几种色彩卡片，你最喜欢哪一种？（　）

A. 蓝色的方形…………答案C

B. 黄色的菱形…………答案D

C. 绿色的心形…………答案A

10. 你最希望自己给别人什么感觉？（　）

A. 依赖感…………答案B

B. 稳重感…………答案C

C. 时尚感…………答案D

测试结果：

A. 你是治愈系。你很有爱，为人和善，懂得人心。你对身边的人充满关爱，对很多人与事都持以理解的态度，还蛮招人喜欢。对于一些人的烦恼、忧伤、难过、悲哀，你会对症下药，说一些耐听的话，还会给人良好的建议。

B.你是傲娇治愈系。你也有治愈人心的力量,但有些小小的傲娇。凡事总要先拒绝一下,再说好。你的知识比较全面,兴趣爱好很多,对人心也挺了解,安慰人有一套,时而清新脱俗,时而特立独行,给人非常特别的感觉。

C.你曾是治愈系。你曾有一定的治愈力量,也治愈了不少人,只不过你不喜欢掺和别人的事情,也不知道该如何去安慰别人。

D.你不是治愈系。你不是一个治愈系的人,希望遇到那种能治愈你心灵的人,将你的伤痕抚平。面对这个社会,你的心越来越硬,你还会将心紧紧包裹起来。

第十二章 未来之爱：人工智能时代下的爱商

如果你想要获得成功，就必须有高EQ；如果你想在未来不被很快淘汰，就要有高IQ。但是，在未来由于人工智能的出现，机器人能够做比人更高智商的事情，所以我们更需要的是LQ——爱商。

未来已来，只有拥有爱商，才能不被取代

2017年7月10日至11日，2000多名优秀创业女性从世界各地赶到杭州，参加第二届"全球女性创业者大会"，大会的主办方阿里巴巴集团试图唤醒人们对女性角色的重新定义，让女性创业者享有和男性平等的机会。

在这个讲究体验和服务的时代，女性的创业优势正逐渐彰显。马云说："未来机器也许会取代保姆，但是机器永远不能取代母亲，机器可以代替护士，但机器不能代替爱心。机器有很高的智商，但是未来的机器不可能具备智慧，更不具备爱商。"在马云看来，拥有爱商的女性比男性在未来更具有不可替代性。

爱商 love quotient，简称LQ。最开始是单指在爱情中的商值和智慧，随着人类社会的发展，慢慢衍生为一种对于爱情、亲情、友情、社会、文化的一种大爱之心。爱商作为对智商、情商、财商的重要补充，慢慢被人们所认可，成为在这个社会获得尊重和幸福感的一种重要能力。

爱商涵盖着一个人对社会和自然的大爱、责任和伦理道德意识，推崇的是真善美，相信社会的正能量。爱商让我们学会感恩所得，感恩的本身就是爱商。对身边出现的一山一水、一枝一叶、一花一草、一鸟一虫都去尊重和爱护，随时保持一颗敏感而炙热的快乐之心，也是一种爱商。

快乐的人是一个国家的根基，世界正以空前的速度快速发展，科技迅猛进步的时代再谈快乐，仿佛变成一件奢侈的事情，实际上不可或缺。未来已来，只有拥有爱商，才能不被替代！

第十二章　未来之爱：人工智能时代下的爱商

AI时代，拥有高爱商的女性更容易成功

如今，人工智能大风骤起，被公认为是下一个风口，而关于人工智能的预言与期待更是层出不穷。

马云在联合国妇女论坛上指出：拥有更高爱商的女性，在人工智能时代更容易成功。

人工智能时代的到来将让成功变得困难。现代社会，想要获得成功，高情商（EQ）与高智商（IQ）都必不可少。但在未来，拥有高爱商（LQ）则变得更加重要，因为人工智能将比人更加聪明。在未来，对于有些工作，只有拥有高爱商与高情商的女性才更能够胜任。

所谓爱商，指的是处理爱情、亲情、友情等问题的能力，是一个人了解爱本质的程度和正确地接受和表达爱的能力。通俗来讲就是"良心指数"，即良心指数越高，爱心公益值越高，社会贡献率越大，社会威望越高，同时，企业或个人的诚信度和美誉度越高，就越能得到整个社会的尊敬。

如此看来，拥有更高爱商确实更易成功。

未来，人工智能将变得更"聪明"：围棋我们下不过阿尔法狗，计算我们比不过电脑。与人相比，人工智能机器人对数据有更强大的记忆力和掌控能力，具备更强的分析、判断与预测能力。但人工智能缺少一样最重要的东西，那就是创造性思维，还有爱商。

爱商——爱的感受、智慧与能力

积极的自我暗示拥有重塑新我的魔力

海伦·凯勒说:"当你感受到生活中有一股力量驱使你飞翔时,你是绝不应该爬行的。"张海迪也鼓舞人们:"只要你抬起头来,新的生活就在前头。"

在日常生活、学习和工作中,每个人的心理难免会受到外界环境的影响。心理受到消极的影响,就无法发掘出自身的潜能,甚至本来在自己能力范围之内的事情,也会因为消极的心理作用而做得一塌糊涂。在积极力量的引导下,即使面对难以逾越的障碍,爱商高的人依然能够发掘个人的潜能,最终创造奇迹。

积极的自我暗示,可以在个人精神无法集中时起到镇定、集中精神的作用;在准备做某件事情时,积极的自我暗示可以帮助个人摆脱胆怯、紧张等心理障碍,充分发挥自身的力量。所以,身处对抗、竞争的环境中,我们应该运用积极的自我暗示,消除心理上的紧张,让自身的潜能得到充分发挥。

自我暗示是个人进行心理调节的得力助手,进行积极的自我暗示,就能发掘自身的巨大潜能,从而获得超群的智慧和强大的精神力量,进而实现梦想,获得成功。

美国的一位年轻歌手受邀参加一次试唱会。对此她非常高兴,因为她盼望这个机会已经很久了。在过去,她已经参加过四次这样的活动,但每次都以失败而告终。这并不是因为她的嗓音有问题,其实她的嗓子非常好，但是过去每次试唱时，她的紧张和畏惧感都特别强烈，因而严重影响了她的发音。

为了不使失败重演，在试唱会的前一个星期，她把自己关在房间里，坐在椅子上，闭上眼睛放松心情。在这种状态下，她的心智更加容易接受暗示。她告诉自己："我唱得很好，我很有信心，我很镇静，我坦然自若。"她一天做四次这样的暗示，并努力让自己接受，以此来反击畏惧的暗示。

一个星期后，这位年轻的歌手神情自若、充满自信地走进了试唱会。在试唱会上，她竟然发挥出了超常的水平，取得了巨大的成功。

这个事例说明，要想获得成功，首先得相信自己，并用积极的暗示来反击消极的暗示，从而发掘出自己的潜能。

成功地运用自我暗示所产生的作用是非常巨大的。在《世说新语·假谲》中就记载了曹操运用语言暗示的作用为士兵止渴的故事，这就是著名的典故《望梅止渴》。这在心理学上属于"他暗示"。在炎炎的夏日里，当你口渴得不行时想到前方就能买到矿泉水，就能起到延缓口渴的作用，这就是自我暗示的作用。

积极的自我暗示对人的生理和心理都能起到好的作用。一个人要想获得成功只能靠自己，不能依靠出身显贵、条件优越、智能超常等条件，因为这些条件都靠不住。一个人的成功最终能够依靠的只有坚强的意志和积极的自我暗示。只有进行积极的自我暗示，创造积极的心态，才能够更好地发挥出自身的潜力。

每个人的身上都隐藏着无穷的潜能，犹如一个沉睡的"巨人"，积极的暗示能够召唤出我们灵魂深处的力量。一旦巨人从睡梦中惊醒，就能完成任何梦想。谁能唤醒这个沉睡的"巨人"，谁就能在逆境中看到希望，在危机中看到转机，在失败时依然有奋起的力量，在黑夜中看到黎明的曙光！

爱商——爱的感受、智慧与能力

真正的爱，经得起平淡的流年

爱情，在最初的开始都是浓厚而热烈的。很多爱人都喜欢不间断地发信息，内容只是简单的一句"你在干吗"，却能让人心里甜得绽开了花。

相爱的人每天晚上都要煲好几个小时的电话粥，每个周五晚上是最忐忑的时光，期待着第二天的见面，仔细琢磨自己第二天是穿那套连衣裙还是穿那身棒球外套，期待见面时候的美好。可是，随着时光的流逝，爱情正在慢慢流失。

当爱情失去了最初的沸腾，只剩下白水般的平淡，很多人就会觉得爱情好像出了错，对方好像有了改变，不再像最初的爱恋。其实，爱到深处，本身就是平淡，平淡是深爱的开始，也就是说你们在真正意义上成了彼此的人生伴侣。

真正的爱到深处，没有山盟海誓的宣言，而是体贴呵护的真实。

在你睡眼惺忪的早晨，爱人会将你蓬头垢面还没来得及打理的发丝挽到耳后；

下班回来，爱人会替你掸去裤脚沾上的泥土灰尘；

在下雨的天气，他会为你撑起一把伞，走到家你滴水未沾，他却湿了半边的肩膀；

夜晚打雷的时候，即使你迷迷糊糊，他也会下意识地抱住你，捂住你的耳朵；

晚上下班很晚，到家后，他会将你抱住半天才放开。

第十二章 未来之爱：人工智能时代下的爱商

爱情，并非轰轰烈烈、梦幻浪漫才是美好，平平淡淡的生活、真实的彼此才是最温润的幸福。

重要的是，你们相爱，而且只爱上了对方。爱情中，你们都是对方的唯一和永远的陪伴。

在真爱的心灵里，永远没有分手的理由。

爱情，或许是一树花，再美却也会凋零；或许是燕在梁间的呢喃，再动听，却也仅能获得片刻享受。

流年似水，爱，总会一点点消损。不同的是，有的爱转为了亲情，而有的爱却沦为了追忆。

真正的爱，能够经得起平淡的流年。

生活不仅有繁花锦簇的春天，还有秋叶零落的秋天、凄寥死寂的冬天、漫漫无聊的夏天。仅凭一份冲动的爱，两人无法共度这漫漫人生。唯有添之以情，将二人相连为一，爱减情增，亲情出现，才能真正手拉手地走完人生路。

虽然无法体会"十年修得同船渡，百年修得共枕眠"是怎样的一种漫长，但要相信爱，不仅需要苦寻，更需要守候。真正的爱情，需要两个人用一生来固守。

生存的真谛就是一边爱生活一边享受生活

一个女人有多美，她就有多热爱生活；一个女人有多热爱生活，她就会变得有多美。

大作家托尔斯泰说："女人并不是因为美丽而可爱，而是因为可爱而美丽。"爱生活的女人，不仅拥有一颗可爱的心，还会对生活保持着积极的态度，因而使自己变得更年轻。

玛丽和丈夫离异两年，自己带着孩子过。她每天都忙里忙外，一下班就跑去幼儿园接孩子，如果要加班，就将孩子接到公司来一起加班。这样的生活对于一个女人来说，很艰难。

有一次同学聚会，玛丽带着孩子一起参加，其他同学本来以为玛丽一定面容苍老、神情沧桑，可见到她时，同学们都惊呆了，她依然年轻漂亮，比很多女同学看起来精神多了。

吃饭过程中，大家聊到了玛丽的生活，同学甲很敬佩地说："你生活这么难，还把自己保持得这么漂亮，真厉害！"

玛丽回答："其实，我只是平时比较注意打扮，毕竟生活还是自己的嘛，打扮好看一点，自己心情好，也会给别人一个好的心情。"

后来，通过交流，大家发现，不管工作多紧急，生活多忙，她都会抽出时间来打扮自己。她在包里、车上随时准备着化妆品。每到换季，还会给自己买几件时尚的新衣服。

爱生活的女人，不管什么时候，不管遇到什么事情，都会把自己打扮得漂漂亮亮的。

美好的生活是人们创造的，会打扮自己的女人，总是对生活充满了喜爱。

人为了生存而生活，生活需要人们努力用双手去创造。人生有很多渴望，当渴望不能成为现实，就会产生很多无奈。每个人在生命历程中都在不断追求更新的目标，都在不断探索渴望得到的一切。

人生顿悟贵在有一颗平淡的心，心态决定我们的生活，有什么样的心态，就有什么样的人生。凡事多向积极的一面靠拢，生活就不会像我们想象的那么糟。对待别人多一份宽容，人生就会多一份惊喜。

第十二章 未来之爱：人工智能时代下的爱商

　　唯用一种超然的心态看待人生，才能真正地享受生活。生活充满艰辛，没有一种超然的心态，就无法学会享受生活。享受生活并不是不思进取，更不是及时行乐，而是要以一种超然的心态看待人生，看淡名和利，看淡许多东西。人生是艰苦又漫长的一条路，每个人都有自己要做的事，人跟人不同，要尽量做好自己的事。自己能做多好就做多好，有多大的力量就释放多大的力量。

　　自己就是自己，要敢作敢为，让自己活得有滋有味，这样的人生才精彩。

　　当你学会享受生活，就会发现生活可以很美好，并不是非要站在胜利者的位置，才能感受生活的精彩。

　　生活是吃，是喝，是苦，是累，是哭，是笑，是琐碎。生活是每个人的权利，享受生活更是人的天性！

【爱商小测试】

测测你是哪种人吧！

当你和朋友或其他人一起吃饭，在点菜时你会怎么做？（　　）

A. 只点自己想吃的菜，不管别人是否喜欢

B. 别人点什么就是什么

C. 先把自己的意愿表达出来

D. 主动点菜，再咨询别人的意见，然后做更改

E. 犹豫不决，慢吞吞的

F. 先让店员介绍一下菜式再点菜

测试结果：

选择A：你是个乐观派，不拘小节，做事果断但不计后果，在你看来，只要价格合适就可以迅速做出决定，这很合理。

选择B：你做事小心翼翼，缺乏自己的想法，总会忽视自我的存在，对自己没有自信，大概已经忘了自己可以做选择，常会立刻赞同别人的

意见。

选择C：你性格直爽、胸襟开阔，即使是难以启齿的事也能若无其事地表达出来。你待人不拘小节，为人磊落，即使有时说话刻薄了一些，也不会被人记恨。

选择D：你小心谨慎，在工作和交友上经常犹豫。你给人最直接的印象是软弱、不堪一击，因为你想象力太丰富，在细节上过分讲究，缺乏掌握全局的意识。

选择E：你做事一板一眼，讲究安全第一。但有时候过分谨慎，过多考虑对方立场。听取别人观点的同时，总会忘了自己最真实的想法。

选择F：你自尊心强，最不能接受别人的指挥。做任何事都追求不同凡响，总是坚持自己的主张。你做事积极，在待人方面，懂得维护双方的面子。